파도와 친해지는
가장 쉬운 방법

킵 서핑

김아영 지음

BM (주)도서출판 성안당

02

제 삶은 서핑하기 전과 후로 크게 달라집니다.

그저 보드 위에서 파도를 바라보다가 나에게 알맞은 파도가 오면 잡아타는 것이 다였는데, 그 단순한 행위로 저는 제 삶의 평온을 찾을 수 있었습니다.

여러분들도 이 책 『킵 서핑』을 통해 서핑을 시작한다면, 분명 달라진 태도로 삶을 대하는 자신을 발견하게 될 것입니다.

— 서핑하는 개그맨·가수 **유세윤**

아영누나와 태규형, '킵서핑' 부부를 만난 것은 거의 10년 전입니다. 나의 모든 서핑 여정을 지켜봐 주었고, 나도 그들의 서핑 여정을 매번 지켜봐 왔습니다.

늘 웃고 있어서 마냥 행복한 일들만 가득해 보이지만 사실 그들에게는 쓰라린 일들이 많았어요. 한 번은 그들이 호주에 놀러 온 적이 있었는데, 뉴스를 통해 본인들의 집주변에 큰 산불이 났다는 소식을 접했습니다. 부부의 표정은 어두웠지만 당장 비행기 타고 돌아갈 수 있는 것도 아니어서 일단 바다에 들어갔고, 파도를 타고 나온 그들은 다시 활짝 웃고 있었습니다. 그 모습이 굉장히 인상적이었어요.

이게 바로 우리에게 서핑이 필요한 이유입니다. 아무리 힘든 상황에서도 딛고 일어설 용기를 주는 것, 파도의 힘을 받아 일어날 힘을 얻는 것, 결국에는 파도를 타고 웃게 되는 것. 이게 이 부부가 전하고자 하는 '킵 서핑' 정신이 아닐까요? 그 마음이 통해서 우린 지금까지 친구로 지내고 있습니다.

이런 내용이 담긴 이 책을 많은 분들이 접하고, 힘든 시기에도 함께하고 일어나게 해줄 좋은 친구를 얻어가시기를 바랍니다.

— 국내 유일 세계 최고의 빅웨이브를 탄 서퍼 **조준희**

이 책은 서핑에 대한 입문서이자 서핑을 통해 삶의 의미와 행복을 찾아가는 여정에 대한 이야기입니다. 더 흥미로운 사실은 이 이야기가 '킵서핑'의 끝이 아니라 또 다른 시작이라는 것입니다. 살다 보면 그런 날이 있습니다. 옆에 누군가가 있는 것만으로도 위로가 되고 용기가 샘솟는 날이 있습니다.

이들의 이야기가 누군가에게는 그런 날로 기억되기를 바랍니다.

— 양양군서핑협회장 **장래홍**

샵을 지키던 꼬마 아이가 이런 명대사를 남긴다. "서핑이 아저씨의 인생을 바꾸게 될 거예요."
당신의 삶이 변화를 원한다면 서핑을 만나게 될 것이다. 서핑을 만나는 것은 누군가에게는 일생일대의 판이 바뀌는 일이다. 그렇게 나의 삶은 서핑으로 모든 것이 변했다.

서울에서 나고 자라 바다라고는 1년에 한 번 갈까 말까 한 삶에서 서핑을 위해 바다가 있는 양양으로 이주하고, 서핑을 위해 파도를 찾아 세계를 유랑하고, 서핑으로 국가대표라는 꿈을 꾸게 되고, 결국 그 꿈을 이루게 되었다. 새로운 삶이 펼쳐지는 경험을 하며, 나는 마치 이상한 나라의 앨리스가 된 기분이었다. 그리고 나를 이상한 나라로 안내한 토끼가 바로 '서핑'이었다.

당신의 삶에 토끼는 무엇인가? 당신은 지금 어디로 가고 싶은가?
나는 단연코 파도가 있는 바다로 갈 것이다. 서핑을 하기 위해.

— 서핑 롱보드 국가대표 **박수진**

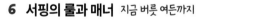

LEVEL
03

**준비된
서퍼에게
좋은
파도가 온다**

07

서핑의 매력

서핑 그게 뭐라고, 유난스럽긴!

　　서핑 콘텐츠 제작자로 알려지면서 서핑의 인기와 함께 인터뷰를 할 때마다 가장 많이 듣는 질문이 있다.

　"도대체 서핑의 매력이 무엇이라고 생각하세요?"

　서핑 때문에 다니던 직장을 그만두고 평생을 살아왔던 도시를 떠나 낯선 바다 마을에 정착해서, 때마다 파도가 좋은 곳을 찾아 떠나는 것이 신기하면서도 유별나 보일 것이다. 서핑 선수를 하는 것도 아니고, 파도가 밥을 먹여주는 것도 아닌데 취미생활의 하나 정도일 뿐인 서핑 그거, 그냥 가끔씩 하면 되는 거 아닌가? 바닷가에서 무엇으로 먹고 살 것이며, 어떻게 산다

하더라도 서핑 실력이 폭풍 성장하는 것도 아닌데 말이다. 도대체 서핑이 얼마나 매력적이길래 이렇게 요란하게 사는 것인가?

서퍼라는 종족의 습성을 꽤나 섬세하게 묘사한 레전드 영화 <포인트 브레이크(국내에서는 '폭풍 속으로'라는 이름으로 개봉)>에서 처음으로 서프샵에 방문한 주인공 죠니(키아누 리브스)에게 샵을 지키던 꼬마 아이는 이런 명대사를 남긴다. "서핑이 아저씨의 인생을 바꾸게 될 거예요."

호들갑스럽게 들리겠지만, 내가 살고 있는 이곳 양양에는 서핑 때문에 인생이 바뀌어 버린 사람들이 차고 넘친다. 그들은 하나같이 서핑 전후로 삶의 방식과 가치관에 큰 변화를 겪었다고 고백한다.

여느 스포츠나 여가 활동도 라이프스타일을 바꾼다. 나 역시도 러닝을 시작하면서 하루의 시작을 조금 더 일찍 열게 되었다. 걷고 달리는 일이 삶에 큰 에너지를 주는 요소가 되자 나의 체형과 달리는 자세에 더 좋은 운동화는 무엇인지 공부하고, 서로 동기부여가 되어줄 러닝 크루들을 찾아보았다. 요가와 필라테스를 배울 때는 잠들기 전에 스트레칭과 명상을 하고, 여행지에 가서도 요가 스튜디오를 찾아 클래스를 듣고는 했다.

하지만 나에게 서핑은 레고 블록처럼 일상의 일부를 다른 것으로 바꿔 끼워 넣는 수준이 아니었다. 일상의 틈을 조금씩 비집고 들어온 것도 아니었다. 내 삶에서 '서핑'은 판이 바뀌어 버리는 것, 레고의 테마 자체가 바뀌어버리는 일대 사건이었다. 나에게 서핑은 단순히 파도를 타는 것이 아니라 '파도가 오면 파도를 탈 수 있는 삶' 그 자체였기 때문이다. 날짜, 시간, 장소를 정해 즐길 수 있는 여느 레저나 스포츠와는 달리 서핑은 파도가 왔을 때 가능하기에, 삶의 방식을 바꾸지 않으면 마음껏 즐기기 어렵다.

스노보드 씬에서 레전드로 불리다가 서핑에 빠져 양양에 정착한 어느 서퍼는 인터뷰에서 이런 말을 남겼다.

'서핑은 라이프스타일을 바꾸는 게 아니라 라이프를 바꾼다.'

얼추 서핑의 위험성(?)에 대해 언질을 한 것 같으니, 이제 서핑의 매력을 읊어보려 한다. 대부분의 인터뷰에서는 서핑의 매력을 늘어지게 이야기할 수 없어 항상 아쉬웠는데, 여기는 나의 공간이니깐 시원하게 한 번 쏟아내 보겠다.

서핑의 매력 **첫 번째** ┃ 속세와 분리되는 순간

처음 서핑을 배우던 날이 아직도 생생하다. 부산의 다대포 해수욕장에 호수처럼 바다가 잔잔했던 날. 도로를 건너 도시를 등지고 해변으로 점점 나아가는 동안, 어느새 도시의 소음은 사라지고 고요한 해변에 광활한 수평선과 그 위로 높고 넓은 하늘이 펼쳐져 있었다.

'나의 시야가 이렇게 넓었구나.'

갑갑한 도시에서 잠시 꺼두었던 감각들이 스위치를 켜는 기분이었다. 파르르 떨리는 정도의 수온에 발끝이 닿으니 정신이 또렷해졌다. 바다까지 신고 갔던 조리가 해변에 덩그러니 남아있는 것처럼 일상의 염려들도 해변에 고스란히 남겨졌고, 물 위에 떠 있는 내 마음은 한없이 가벼워졌다.

어떠한 행동과 마음가짐을 원할 때는 물리적인 설정이 중요하다. 맹자의 어머니가 세 번 이사한 이유도 그 때문 아니겠는가! 무거운 마음과 생각들이 나를 짓누를 때, 서핑은 고민을 지우지는 못해도 잠시 내려둘 수 있도록 쉼과 여유를 선물해 주었다. 그리고 다시 땅을 디뎠을 때는 내 짐을 거뜬히 들고 걸어갈 수 있도록 몸과 마음의 근육을 단련시켜 주었다.

서핑의 매력 두 번째 | 타인의 시선이 아닌, 내가 바라보는 행복한 나

바다에 들어가게 되면 사회적 관념들이 사라지고, 타인의 시선을 의식하지 않게 된다. 자연의 영험한 기운 때문!은 아니고, 주변을 의식해도 몸이 내 맘 같지 않아 이리저리 들이치는 파도에 체면을 차릴 새가 없어 그냥 내려놓게 된다. 특히 물에 빠질 때는 팔과 다리는 평생 가보지 않은 방향으로 각자 흩어지고, 눈코입은 영혼이 증발했다가 세상 심각했다를 오가면서 마치 슬랩스틱 코미디언 같은 표정이 되곤 한다. 물에 빠지지 않으려고 애쓰다가 결국 풍덩 하고 물 위로 자빠지는 모습이 얼마나 오징어 같은지! 나중에 서로의 서핑 영상을 확인하며 배꼽 빠지게 웃는 일은 다반사다.

12

일상에서는 길을 걸을 때 넘어지지 않기 위해 몸이 무의식적으로 긴장을 하게 된다. 하지만 파도 위에서는 넘어져도 크게 다치지 않기 때문에, 넘어지는 순간 근육들은 자유로워진다. 물론 멋진 라이딩에 감탄하는 순간에도 행복한 미소를 짓기는 한다. 그러나 아직은 파도에서 자빠지는 내 모습과 버디들의 모습이 그냥 웃겨서 웃는 순간이 더 많은 것 같다. 이렇게 나자신을 내려놓고 원초적인 모습에 엔도르핀을 넘치도록 채우게 되는 것이 서핑의 두 번째 매력이다.

서핑의 매력 세 번째 │ 자연의 리듬을 칼박으로 맞추는 쾌감

파도가 치는 원인은 정말 다양하다. 바람 때문이라는 단순한 이유마저도 '바람이 왜 부는지'를 공부하기 시작하면 조금 더 복잡해진다. 그렇게 꼬리에 꼬리를 물고 파도의 태초를 찾아 여정을 떠나기 시작하면 '거대한 우주

의 힘과 순환의 한자락에 올라타는 신비한 경험이 바로 서핑이라니, 놀랍구나.' 하며 무릎을 '탁' 치게 되는 순간이 올 거다.

아주아주 먼 옛날, 머나먼 어딘가에서부터 시작된 그 힘과 나의 감각들이 톱니바퀴처럼 맞아 즉흥적인데도 조화로운 재즈 연주처럼 기가 막혔다면?! 그 순간 우리는 해변에서 다시 보드를 돌려 파도로 향하고 있을 것이다.

서핑의 매력 **네 번째** | 파도는 밀당 천재

내가 원할 때 언제든 할 수 있는 여느 운동들과는 달리, 서핑은 자연이 허락해야 가능한 활동이다. 물론 지금은 인공 서핑장이 생겨서 원할 때 자본주의 서핑을 즐길 수 있지만, 돈이 넉넉하지 않거나 자연에서 서핑의 매력을 즐기고 싶다면 파도가 오기를 기다려야 한다. 내가 쉴 수 있는 날에 파도가 와주면 좋겠지만 그럴 확률은 그리 높지 않다. 이것이 바로 서퍼들이 회사를 쉬거나 그만두는 가장 큰 이유다. 만나고 싶지만 만나주지 않고, 만나러 가는 동안 떠나버리는 밀당 천재가 바로 파도니까!

파도가 오더라도 그간 파도에 허기진 마음이 채워질 만큼 실컷 타기도 어렵다. 나처럼 파도만 기다렸던 사람들이 우르르 바다로 몰려오기 때문에, 밀려오는 파도 중에 내 파도는 가뭄에 콩 나듯 한다. 그러다가도 운이 좋아서 하나의 파도를 기분 좋게 타고 나면, 그동안 파도에 서운했던 마음은 아드레날린으로 깨끗이 지워진다. 그리고 또다시 파도를 향한 짝사랑이 시작된다.

서핑의 매력 **다섯 번째** | 행복을 미루지 않는 삶

지금이야 결제만 한다면 인공 서핑장에서 기계가 만들어 내는 일정한 파도를 즐길 수 있지만, 그전에는 자연이 허락하는 파도에서만 서핑을 즐길 수 있었다. (물론 인공 서핑장도 통장 잔고가 허락해야만 즐길 수 있다.) 파도의 상태는 어제와 오늘이 다르고, 아침과 저녁이 다르며, 한 시간 사이에도 크게 달라진다.

이런 이유로 많은 서퍼들이 좋은 파도가 오면 만사를 제쳐두고 바다로 달려간다. 서퍼들이 운영하는 가게들은 정기 휴일이 아님에도 파도가 온다는 이유 하나만으로 문이 닫혀 있기 일쑤다. 이런 서퍼들에게 어떤 이들은 '한량이다.', '철이 없다.', '책임감이 없다.', '욜로 하다 골로 간다.', '일도 안 하고 놀기만 하다니 게으르다.'라고 핀잔을 주며 못마땅해한다.

파도를 타고자 가게 문을 닫는 서퍼들의 삶이 무책임하다고 생각하는가? 서퍼들은 미련하고 놀기만 좋아해서 미래를 준비하지 않고, 참지 못하고 바다로 향하는 것이라고 생각하는가?

유명 뮤지션인 잭 존슨의 <Never know>라는 곡에는 이런 가사가 있다. 'We're shocking but we're nothing. We're just moments, we're clever but we're clueless. (우린 놀랍도록 아무것도 아니에요. 우리는 그저 순간일 뿐, 영리하면서도 바보 같죠.)'

잭 존슨은 하와이 출신의 프로 서퍼이기도 하다. '우리는 아무것도 아니며, 그저 순간'이라는 가사는 그가 서퍼로서 거대한 자연 안에서 시시각각 달라지는 파도를 수도 없이 경험한 것을 바탕으로 자신 있게 써 내려갔을 것이라고 확신한다. 영리한 척 미래를 계획하며 현재를 견디느라 지금 곁을 지나가는 무수한 행복을 놓치고 있지는 않은지, 서핑을 통해 곱씹어 보기를 바란다.

찰나의 순간을 위한 성실한 빌드업

서핑하러 나가서 실제로 파도를 타는 순간은 상상 이상으로 짧다. 파도를 타는 순간이 어느 정도로 짧냐면, '2시간 동안 바다 위에 떠 있으면서 고작 3분을 보드 위에 서 있을 뿐이잖아!'라며 비아냥거리는 악플을 읽은 서퍼들이 "3분이나 서 있을 수 있다면 정말 대단한걸?!" 하고 오히려 감탄할 정도라고나 할까. 3분 이상을 탈 수 있는 실력이 되더라도 파도가 받쳐주지 않으면 단 1초도 파도를 탈 수 없다.

　아무튼 그 짧은 순간을 놓치지 않기 위해서 우리는 파도가 오지 않을 때 미리 준비해야 한다. 다른 조건들을 성실하고 치밀하게 갖추고 있다가, 파도가 오면 모든 것이 완벽해질 수 있도록 말이다. 준비가 잘 되어 있다면 우리는 훨씬 많은 파도를 잡을 수 있다.

　이 책에서는 이제 막 서핑을 배우거나 서핑을 하려고 마음먹은 사람들이 세계 어디를 가든지 무리없이 서핑을 즐길 수 있도록 가장 기본적인 내용들을 다루려고 한다. 무엇을 하든 기초를 탄탄히 쌓아야 그 위에 안정된 실력과 스타일이 쌓이는 법이다. 파도 하나 타는데 유난을 떤다며 벌써 책을 덮어 버리고 싶어졌는지도 모르겠다. 하지만 파도환자들의 유난은 결국 안전하고 즐거운 서핑을 오래 즐기기 위함이라는 걸 명심해 주길 바란다. 추가로 서핑이 당신의 인생을 바꾸게 될 거라는 경고도 남기겠다. 그럼 이제부터 인생을 바꾸러 떠나자.

17

KEEP

SURFING

LEVEL

01

서 핑 이

낯 선

그 대 에 게

사 람 들 이   서 핑 을   망 설 이 는   이 유
서프샵 단골 질문들

필자는 서핑 콘텐츠를 제작해 서핑의 매력을 나열하며, 아직도 서핑에 입문하지 않은 누군가를 꼬시는 것이 직업인 사람이다. 서핑을 소개하고 가르치다 보면, 다양한 이유와 핑계로 서핑을 거부하는 사람들을 자주 만난다. 서핑은 꽤나 진입장벽이 높은 활동이라서, 애초에 운동을 싫어하거나 물을 두려워하면 도전할 엄두조차 내지 못한다. 운동을 좋아하고 물을 무서워하지 않더라도 서핑을 하기까지 넘어야 할 산은 무수히 많다. 바다까지 이동하기 위한 시간적 여유, 장비 대여료나 편의시설 사용료, 민망할 정도로 몸에 착 달라붙는 서핑슈트, 부상에 대한 두려움 등, 나름의 서핑 거부 사유마다 납득이 가기는 한다.

하지만 이런 불편들을 감수하면서 굳이 서핑을 하는 사람들이 점점 늘어나고 있다는 사실을 알아주길 바란다. 그들 중에는 운동을 싫어했거나 물을 무서워했던 사람들도 많다. 주말마다 무거운 서프보드를 차 지붕 위에 싣고 서너 시간을 거뜬히 운전해 바다로 향하기도 한다. 한 번 빠지면 헤어나올 수 없는 서핑의 매력이 두려움과 번거로움보다 크기 때문이다.

서핑의 매력은 프롤로그에서 이야기했으니, 지금부터는 서핑을 거부하는 다양한 핑계들을 반박해 보려 한다. 그들의 거부 사유는 처음 강습을 듣고자 하는 사람들이 **서프샵에 가장 많이 문의하는 내용**이기도 하다.

물이 무서워요

처음 서핑을 배울 때는 해변 가까이, 발 닿는 깊이까지만 들어가는 경우가 대부분이다. 어디에서 넘어져도 두 다리에 힘만 바짝 준다면 눈코입이 물 밖으로 나와 호흡과 시야 확보에 어려움이 없는 지점에서 강습이 진행된다. 국내의 입문 강습은 대부분 해저에 위험한 지형이나 구조물이 없는 안전한 곳에서 이루어진다.

물론 물에 대한 공포심이 어느 정도냐에 따라 수심이 얕아도 무서울 수있다. 그렇다면 바로 서핑을 배울 것이 아니라, 해수욕 등을 통해 물에 대한 공포를 줄인 다음 입문을 해보는 것도 방법이다. 억지로 공포를 이기려 했다가 오히려 트라우마로 남는다면, 평생 바닷가 근처는 얼씬도 하지 않게 될 것이다.

너무 번거로워요

물을 무서워하는 것이 아니라 불편하게 여기는 사람들도 있다. 소금물이나 모래가 몸에 닿는 것이 찝찝하다거나, 젖은 몸과 머리카락 등을 말리는 행위가 귀찮다거나, 시력이 좋지 않아 렌즈를 껴야 한다거나, 햇볕에 피부가 검게 그을리는 것이 싫다거나 등, 여러 가지 불편함과 번거로움을 감수하고 싶지 않아 물에 들어가기 싫을 수도 있다.

하지만 물에 대한 트라우마가 있는 것이 아니라면 이러한 귀차니즘을 잠시 누르고 서핑의 맛을 느끼길 바란다. **서핑의 즐거움을 아는 순간, 번거롭게 여겼던 것들이 전혀 대수롭지 않게 될 것이다.** 어쩌면 부끄럽다고 생각했던 행위들까지 뻔뻔하게 소화할 수도 있다.

얼룩덜룩한 선크림이 묻은 얼굴과 산발이 된 머리로 바닷물을 뚝뚝 흘리며 동네를 활보하고, 무게가 10킬로그램에 달하는 3미터짜리 보드를 들고

1,000킬로미터 떨어진 곳으로 해외여행을 떠나는가 하면, 검게 그을린 피부에 맞는 화장품이 없어 쌩얼로 다니게 되는 등, 서핑을 시작하기 이전에는 상상도 못했던 일들이 어느새 자연스러워질 것이다.

미디어에서 봤던 트렌디하고 힙함 그 자체의 서퍼들은 사실 종종 꾀죄죄하고 궁상맞다. 서퍼가 된다는 것은 유행에 예민한 '인싸'가 되는 것이 아니라, 타인의 시선으로부터 자유롭고 파도 앞에 나를 내려놓는 경지에 이르는 것이다.

나이가 아직 어려서, 너무 많아서 못해요

서핑은 '평생 스포츠'라는 말이 있다. 서핑 선진국인 미국이나 호주에서는 아빠가 이제 막 걷기 시작하는 아기 팔에 튜브를 끼우고 함께 서핑대회에 나온다. 그들은 자신이 기억할 수 없는 시기부터 서핑을 시작한 셈이다. 나이가 어린 친구들은 몸이 가벼워 보드 위에 일어서기도 쉽고 겁도 없어서 어른들보다 더 빠르게 배운다.

반면 80세가 훌쩍 넘도록 서핑을 즐기는 올드맨 서퍼들도 있다. 자연의 흐름을 이해해야 하는 스포츠이기 때문에 올드맨 서퍼들의 연륜은 결코 무시할 수 없다. 또한 서핑은 물속에서 하는 운동이어서 관절에 대한 부담이 적고, 부상에 대한 위험 또한 비교적 낮기 때문에 늦은 나이에도 시작할 수 있는 운동이다. 파도의 흐름에 몸을 맡겨야 하기에 자연스럽게 몸에 힘이 빠지는 것이 오히려 도움이 되기도 한다. 노후에 바닷가에 놀러가 여유롭게 파도를 즐기고 싶거나, 바닷가 마을에 살고 싶은 로망을 갖고 있다면 서핑을 배워보길 적극 추천한다.

　휴가철이 되면 어린아이가 있는 가족들이 서핑 강습을 많이 신청한다. 그리고 성인이 된 자녀들이 서핑을 배워보니 너무 좋아서 부모님을 모시고 오는 경우도 있다. 즐겁고 행복한 일을 가장 소중한 사람들과 공유한다는 것은 가슴 뭉클할 정도로 아름다운 일이다. 나 역시 남편이 먼저 서핑을 배우고 추천해 줬으며, 가족들이 바닷가 근처로 오면 꼭 서핑을 배우도록 했다. 조카들이 처음 파도 위에 일어선 순간에는 해변에서 껑충껑충 뛰며, 마치 첫걸음마를 떼었던 순간처럼 가슴이 벅차올라 환호성을 질렀다. 얼마 전에는 63세의 엄마에게 서핑을 가르쳐 드렸다. 평소 물을 무서워하셨던 엄마는 오직 딸을 믿고 용기를 내어 바다에 몸을 담갔다. 그렇게 본인이 서핑을 할 수 있다는 사실을 깨닫고 지금은 매일 아침 서프보드 위에서 일어서는 연습을 하신다. 심지어 그 모습을 지켜보던 68세의 아빠도 함께하신다. 여러분도 꼭 소중한 사람들과 함께 파도를 타는 경험을 하길 바란다.

체구가 작은 어린이의 경우에는 서프샵에 따라 신체 사이즈에 맞는 장비가 없을 수도 있으므로 사전에 문의하고 방문하도록 하자.

뚱뚱해서 가라앉을걸요?!

　뚱뚱하더라도 서핑은 완전 가능하다. 처음 강습할 때는 부력이 좋은 서프보드를 사용하고 서핑슈트에도 부력이 있기 때문에 물에 가라앉을 염려가 없다. 철로 만든 몇만 톤의 배도 물 위에 뜬다.

다만 동일한 서프보드를 사용할 때 체중이 많이 나가면 가벼운 사람에 비해 상대적으로 균형을 잡기가 어렵다. 특히 운동량이 부족해서 체중이 늘었을 경우 신체 능력이 저하되었을 가능성이 높다. 게다가 체중에 의한 압력으로 관절에 무리가 오거나 통증을 느낄 수 있다. 그렇기 때문에 서핑을 본격적으로 시작하려 한다면 서서히 체중을 감량할 것을 권한다.

몸이 무거워 물에 가라앉을까 봐 걱정하는 것보다 오히려 서핑 때문에 살이 찌는 것을 걱정해야 한다. 서핑을 통해서 체중이 자연스럽게 감량된 사람들도 있지만, 서핑을 하면서 오히려 살이 찌는 사람도 있다. 물놀이 이후 입맛이 돌듯이, 서핑 후에도 입맛이 아주 활기차게 돌면서 특히 고열량의 자극적인 음식들이 땡긴다. (뜨거운 뙤약볕 아래 한두 시간 서핑을 하고 나와 극한의 갈증 상태에서 시원하게 들이키는 '극락으로 가는 맥주'를 마셔본 적이 있는가.) 또 서핑 스팟 주변의 서퍼 맛집을 투어하며 단백질 보충을 핑계로 고기 한 점, 거기다 술 한잔 걸치다 보면, 어느새 두툼한 튜브가 끼워진 나의 복부를 내려다보게 된다. 이처럼 입맛과 술맛을 돌게 만드는 것이 서핑의 예상치 못한 위험 요소라면 요소라고 할 수 있겠다.

사실 서핑은 의외로 칼로리 소모가 적은 운동인데, 물에 들어가기 전후로 체력 소모가 많아(슈트를 입고 벗고, 서프보드를 들고 해변으로 이동하는 등) 체중이 감소하는 효과가 있다는 서퍼들만의 뇌피셜도 있다. 아무튼 서핑만 믿고 과식과 폭식을 일삼지는 말기를!

서핑할 때
몇 칼로리를 소모할까?

25

체격이 남다르다면, 강습 예약 전에 해당 샵에 본인의 신체 사이즈에 맞는
서핑슈트가 구비되어 있는지 사전에 확인하도록 하자.

돈이 너무 많이 들어요

안타깝게도 서핑은 '대한민국 한정' 돈이 조금은 드는(?) 운동이라고 할
수 있다. 우선 내륙에 거주한다면 바닷가로 이동하는 것부터 교통비가 들
어간다. 바닷가에서 체류하는 동안의 숙식비도 무시할 수 없다. 초보들은
강습료도 내야 한다. 강습을 지속해서 받을 수 있다면 가장 좋겠지만, 경제
적으로 부담스러워 가끔 받는다 해도 장비는 계속 빌려야 한다. 계속해서
서핑을 즐기기 위해 '교통비 + 숙식비 + 장비 대여료'를 고려하면 상당한
지출이 발생하게 된다.

세계에서 '서핑의 메카'라고 부르는 몇몇 지역은 해안가에 살고 있는 사
람들이 서핑을 즐기고 있어 해변으로 향하는 데 교통비 부담이 거의 없다.
또 사계절 어느 정도 따뜻한 기후를 갖추고 있어 장비도 계절별로 마련해
둘 필요가 없다. 그래서 보드 한 장 들고 수영복 하나만 걸치면, 맨발로 걸
어서 바다에 나가 서핑을 즐길 수 있다.

하지만 우리나라는 사계절이 있어 어떠한 장비들은 계절에 따라 갖춰야
한다. 소비를 조장하는 것은 아니지만, 좋은 서핑슈트를 입을수록 더 편하
고 더 따뜻하게 서핑할 수 있다는 것은 부정할 수 없는 사실이다. 실력이 늘
수록 파도에 따라 서프보드를 포함한 장비들도 다양하게 구비하기 시작하
고, 그렇게 되면 장비를 보관하는 공간, 장비를 실어 나르기 위한 차량도 점

점 바꾸게 되면서 일이 커진다. 심지어 파도가 있을 줄 알고 장비 싣고, 고속도로 타고, 숙소 예약해서 왔는데 파도가 없는 일도 다반사다. 함께 하루를 공친 서퍼들과 근처 술집에서 술이라도 진탕 마셔 버리면, 마주치지도 못한 파도가 엉뚱한 내 지갑을 휩쓸고 가버릴 것이다.

뭐, 돈 걱정이 없는 분이라면 상관없겠지만, 이게 쌓이고 쌓여 부담스러워지기 시작하면 서퍼들은 '헝그리 정신'을 발휘할 수밖에 없다. 숙식비를 줄이기 위해 차박을 하고, 친구들과 함께 삼삼오오 시즌방을 계약하며, 장비 대여료를 줄이기 위해 중고 장비도 거래할 것이다. 서핑에 빠졌다면 어떻게든 비용을 줄이는 방향으로 서핑을 계속 이어갈 것이다.

물리적·경제적 부담 이외에 '파도를 만나지 못할 수도 있다'는 경우의 수를 감수하고도 주말마다 바다를 찾는 한국 서퍼들의 서핑 열정은 가히 존경스럽다.

파도가 크고 빨라서 무서울 것 같아요

종종 미디어에 나오는 서핑의 이미지에 지레 겁을 먹는 경우가 있다. 거대한 파도 동굴을 뚫고 나오거나, 키보다 훨씬 큰 파도를 자유자재로 즐기는 서핑 장면을 본 경험이 있을 것이다. 하지만 이것은 당신의 첫 서핑과는 매우 거리가 멀다.

첫 강습을 받을 때는 그렇게 높고 빠른 파도를 탈 일이 없고, 파도 위에 올라서더라도 속도는 대형마트의 무빙워크 수준일 것이다. 가르쳐 주지 않아도 속도가 두려운 사람들은 본능적으로 뒷발과 엉덩이 쪽으로 무게중심을

27

옮기기 때문에 브레이크를 잡듯이 속도를 늦춘다. 그래서 서핑을 배우는 초기에는, 속도를 늦추지 않고 파도의 힘을 끝까지 이용하여 앞으로 나가는 방법을 배우는 것이 오히려 더 어렵다.

숙련된 강사를 만났다면 학생 수준에 맞춰 적당한 파도에서 강습을 진행하므로, 배우는 동안 두려움에 떠는 일은 별로 없을 것이다. 그보다 더 훌륭한 강사를 만났다면, 전문적인 기술과 자신만의 노하우를 더해 공포를 재미로 바꾸고 위험으로부터 안전하게 벗어날 방법까지 배울 수 있다.

파도를 두려워하는 것과는 반대로, 한국에 서핑할 만한 파도가 어디 있냐며 한국에서 서핑하는 것을 조롱하는 사람들도 있다. 매일 바다를 관찰하지 않으면 그렇게 생각할 수도 있다. 하지만 보지 못한 것을 쉽게 부정하는 경솔함 때문에 '서핑'이라는 멋진 경험을 놓치는 것이 나는 진심으로 안타깝다. 12장에서는 기가 막힌 파도가 있는 한국의 서핑 스팟들을 소개할 것이다. 부디 올여름 바다에 간다면 서핑에 도전해 보길 바란다.

다칠까 봐 무서워요

서핑을 하다가 다치는 것이 두려워 망설이는 사람들이 정말 많을 것이다. 초보들이 사용하는 소프트탑(Soft top, 일명 스펀지보드)은 충격을 흡수하는 고무 소재로 둘러져 있어, 몸에 부딪히거나 타인에게 부딪혀도 부상을 최소화할 수 있다. 그리고 국내에서 서핑 강습을 하는 대부분의 해변은 해저 지형이 모래로 이루어져 있어, 보드 위에서 떨어져 물에 빠지더라도 큰 부상으로 이어질 확률은 낮은 편이다.

하지만 세계적인 프로 서핑 선수가 된다고 하더라도 사고를 100% 막아내는 것은 불가능하다. 자연은 예측불허이고, 파도와 내 몸은 늘 내 마음 같지 않으며, 타인의 실수는 내 힘으로 막을 수 없다. 그렇기 때문에 우리는 바다와 장비를 이해하고, 방어적인 태도와 서핑 규칙을 지킴으로써 최대한 안전하게 서핑을 해야 한다. 안전하고 즐거운 서핑을 위해 반드시 익혀야 할 기본 지식들을 지금부터 차근차근 알아보자.

친 해 지 지 않 으 면 무 기 가 된 다

서핑 장비

경험이 있는 서퍼들은 서프보드를 다루는 모습만 봐도 초보를 구별해낼 수 있다. 서프보드를 엉성하게 다루는 사람이 바다로 나오면, 위험을 감지한 서퍼들은 슬금슬금 그의 주위에서 최대한 멀어지려 할 것이다.

피서철에는 특히나 기초 강습 한 번 제대로 받지 않고 서프보드만 덜렁 빌려서 바다로 끌고 나오는 사람들을 자주 마주친다. 보통 본인을 '왕년의 물개'라고 칭하는 분들인데, 서프보드를 질질 끌고 가는 모습부터 아슬아슬하다. 서프보드를 다루는 방법을 배운 적이 없으니 바다로 나갈 때부터 파도가 아닌 서프보드와의 사투가 벌어진다. 어찌저찌 서프보드를 타고 먼 바다로 나왔다 한들, 그들 대부분은 밀려오는 파도에 무방비로 휘둘려지는 보드를 방관하기 일쑤여서 일대는 삽시간에 공포에 휩싸인다.

본인과 타인의 안전에 심히 지장을 줄 것으로 예상되는 인물이 바다에 등장하면, 주변의 서퍼들이 물 밖으로 내보내는 경우도 있다. 당신이 물 밖으로 쫓겨났다면 '텃세가 세다'며 입을 삐쭉거리겠지만, 그들이 당신의 안전을 지켜준 셈이므로 너무 분노하지 않기를 바란다.

서핑 장비는 제대로 다루지 못하면 타인과 나를 공격하는 무서운 무기가 된다. 묵직한 서프보드의 빠른 움직임에 타격을 당하거나, 서퍼와 보드를 연결해 주는 리쉬코드에 돌돌 감겨 사고와 부상이 발생한다. 그렇기 때문에 **파도를 타는 요령을 궁금해하기 전에 안전을 위해 서핑 장비에 대한 기본적인 이해는 필수이다.**

1 │ 서프보드

서프보드의 크기와 형태는 정말 다양하다. 단순히 길고 넓은 판떼기처럼 보이지만 서핑 실력, 서핑을 타는 지역의 파도, 서퍼의 취향 등에 따라 서프보드의 요소들이 구석구석 달라진다. 미묘한 형태의 차이는 물의 흐름이 변하도록 만들어 파도의 힘과 모양에 대응할 수 있도록 하며, 다양한 서핑 스타일을 만들어 낼 수 있도록 한다.

서프보드의 부분별 명칭

서핑을 배우기에 앞서 서프보드의 부분별 명칭을 숙지해 두자. 서퍼라면 반드시 알아야 할 서핑 용어이면서, 잘 알아두면 이후 설명을 이해하기 수월해질 것이다.

서프보드는 물살을 잘 가르고 나갈 수 있도록 디자인되어, 흡사 물고기와 유사한 모양을 갖추고 있다. 가장 앞부분은 물고기의 코와 같아서 노즈(Nose), 뒷부분은 꼬리라는 뜻에서 테일(Tail), 보드 위에 엎드려 양손으로 감싸 쥐어지는 옆부분을 레일(Rail)이라고 부른다. 서프보드에서 우리가 엎드리는 면은 탑(Top) 또는 데크(Deck), 물에 닿는 면을 바텀(Bottom)이라고 한다.

일반적으로 입문자들이 강습받을 때는 균형을 잡기 쉽도록 큰 부력을 갖추고 있는 소프트탑 롱보드를 사용하게 된다. 소프트탑 서프보드는 데크가 고무 소재로 덮여 있어, 부딪혔을 때 충격을 흡수하여 부상 방지에 유리하다.

서프보드의 부분별 명칭

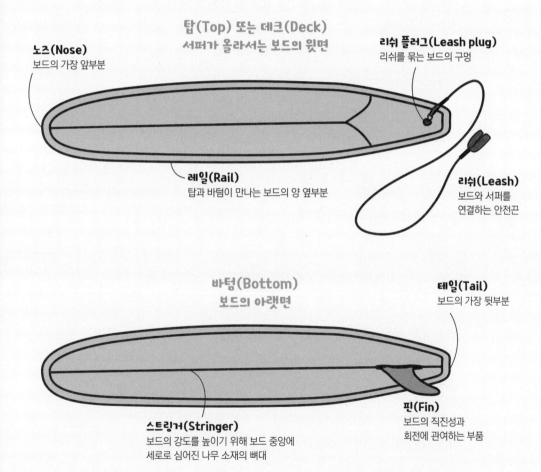

탑(Top) 또는 데크(Deck)
서퍼가 올라서는 보드의 윗면

노즈(Nose)
보드의 가장 앞부분

리쉬 플러그(Leash plug)
리쉬를 묶는 보드의 구멍

레일(Rail)
탑과 바텀이 만나는 보드의 양 옆부분

리쉬(Leash)
보드와 서퍼를
연결하는 안전끈

바텀(Bottom)
보드의 아랫면

테일(Tail)
보드의 가장 뒷부분

핀(Fin)
보드의 직진성과
회전에 관여하는 부품

스트링거(Stringer)
보드의 강도를 높이기 위해 보드 중앙에
세로로 심어진 나무 소재의 뼈대

테일의 바텀에는 상어 지느러미 모양의 핀(Fin)이 달려 있다. 핀은 서프보드의 방향키 역할을 하는데, 중앙에 있는 핀은 직진성을 높인다. 그리고 양옆의 핀은 방향 전환을 하고자 할 때 보드의 회전을 돕는다. 핀의 개수는 다양하게 장착할 수 있지만, 가끔 핀이 없거나 핀을 아예 꽂을 수 없는 보드도 있다. 입문자에게는 핀이 총 세 개 꽂혀 있는 트러스터(Thruster) 방식이 가장 무난하다.

서프보드의 길이에 따른 분류

서프보드를 구분하는 방법 중 가장 대표적인 것은 길이에 따라 나누는 것이다. 9ft 이상인 롱보드(Long board), 6.5ft 이하인 숏보드(Short board), 이들의 중간 길이 영역에 있는 펀보드(Fun board) 혹은 미드렝스(Mid length)로 구분된다. (길이의 기준은 어느 정도 주관적이어서 지역마다, 사람마다 차이가 있을 수 있다.)

롱보드는 안정감이 있고 묵직하고 여유로운 움직임이 특징이다. 길이가 긴 만큼 부력이 높아서 균형 잡기와 파도 잡기에 유리한 면이 있으므로, 처음 서핑을 배울 때는 보통 롱보드로 시작하게 된다. 하지만 길고 무겁기 때문에 섬세하거나 다이내믹한 움직임을 만들기 위해서는 많은 훈련이 필요하다. 그렇기 때문에 롱보드를 초보용 보드라고 생각하는 것은 오산이다.

숏보드는 짧은 길이만큼 부력도 작아져서 롱보드에 비해 균형을 잡는 것이 쉽지 않다. 초보자는 숏보드 위에 엎드리는 것조차 어려울 것이다. 하지만 길이가 짧고 보드 무게가 가벼운 만큼 날렵하고 예리하게 움직일 수 있다.

길이에 따른 서프보드의 분류

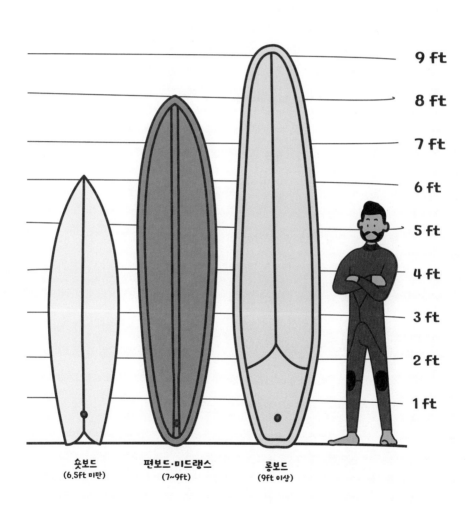

숏보드
(6.5ft 미만)

펀보드·미드랭스
(7~9ft)

롱보드
(9ft 이상)

서프보드를 선택하는 기준은 개인의 취향을 반영한다. 예를 들어 차량을 구입할 때 스피드를 좋아하는 사람이라면 스포츠카를 타고, 안정감을 원하는 사람이라면 세단을 고를 것이다. 마찬가지로 속도감과 역동성을 원한다면 숏보드를, 안정감을 원한다면 롱보드를 고르게 된다.

본인이 자주 서핑을 즐기는 지역의 파도 특성에 따라 선택하기도 한다. 파도가 날렵하고 빠른 속도로 부서지는 호주 골드코스트의 스내퍼 록스 (Snapper rocks)에서는 대부분의 서퍼들이 숏보드를 탄다. 반면 묵직하고 차분한 속도로 부서지는 파도가 밀려오는 호주 누사의 티트리(Tea tree)에서는 많은 서퍼들이 롱보드를 탄다. 유명한 서프보드 브랜드의 모델 중에는 그 지역 가까운 바다의 파도 특성에 따라 디자인되는 경우가 많다. 그래서 서프보드의 브랜드와 모델명만 듣고도 그 보드의 특징을 어느 정도는 짐작할 수 있다.

롱보드와 숏보드의 중간 길이 영역에 있는 것이 바로 펀보드이다. '미드 랭스'라고도 불리는 이 보드는 롱보드와 숏보드 각각의 장단점과 스타일을 갖고 있다.

서프보드의 움직임을 만들어 내는 것은 길이뿐만 아니라 두께, 무게중심, 테일의 모양, 코가 들린 정도(노즈 라커, Nose rocker), 테일이 들린 정도(테일 라커, Tail rocker), 바텀의 물길, 핀 사이의 간격 등 무수히 많다. 그렇기 때문에 이러한 요소들의 조합에 따라 롱보드에서도 역동적인 동작을, 숏보드에서도 묵직한 여유로움이 느껴지는 스타일을 만들어 낼 수 있다.

다양한 제작 기술과 소재들이 개발되면서, 요즘에는 보다 실험적인 형태를 가진 서프보드들이 출시되고 있다. 그렇기 때문에 길이만 보고 보드의 성향을 파악한다는 것은 성급할 수 있지만, 우리는 아직 초보니까 보편적인 특징들만 짚고 넘어가도록 하자.

　대다수의 서퍼들이 숏보드 또는 롱보드만을 고집하며 자신의 주 종목을 갖고 있다. 하지만 필자는 그때그때 파도와 어울리는 보드를 골라서 타자는 주의이다. 파도에 어울리지 않는 보드를 들고 나가, 파도가 잡히지 않거나 라이딩을 온전하게 할 수 없어 스트레스를 받으며 서핑하는 것을 지양한다. 숏보드를 밀어줄 힘이 없는 파도에 숏보드를 들고 나가서 파도가 잡히지 않아 허탕만 치고 돌아온다든지, 너무 날렵한 파도에 롱보드를 타고 나가서 파도에 들이대 보지도 못하고 소심하게 해변까지 팔을 저어 돌아오게 되는 날들이 있다. 즐겁자고 하는 서핑이기 때문에, 최대한 스트레스를 적게 받기 위해서는 그날의 파도에 맞는 서프보드를 선택하는 것이 좋다. 파도의 상황을 바꿀 수 없으니 장비를 바꾸는 것이다.

　다만 서프보드를 구입하는 데 들어가는 금액이 적지 않고, 단 하나의 서프보드도 잘 타기가 쉽지 않기 때문에, 초반부터 서프보드를 두루두루 골라타려는 열정은 잠시 접어두어야 한다. 까딱하면 롱보드도, 숏보드도 둘 다 어쭙잖게 깔짝거리게 될 수 있다. 그러니 아직 **서핑의 모든 것이 낯선 상태라면, 소프트탑 롱보드를 점령하는 것부터 집중하도록 하자.**

수온·기온에 따라 추천하는 서핑슈트

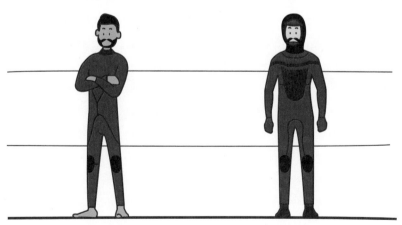

보드숏, 비키니
(수온 섭씨 24도 이상)

스프링수트, 롱존, 자켓
(수온 섭씨 20~24도)

3~4mm 웻슈트
(수온 섭씨 15~20도)

5m 이상 웻슈트 & 겨울 액세서리
(수온 섭씨 15도 이하)

2 | 서핑슈트

서핑슈트는 체온을 유지하고, 자외선을 차단하며, 부상으로부터 신체를 보호하는 등의 기능을 갖추고 있다. 서핑슈트는 일반적으로 네오플랜 소재로 되어 있어 신축성, 약간의 부력, 보온성, 충격을 흡수할 수 있기 때문에, 안전을 위해서라도 착용하는 것이 좋다.

서핑슈트는 자신의 몸에 딱 맞는 것을 입어야 물이 안으로 새어 들어오지 않아 체온을 유지하기 좋고, 슈트 안으로 밀려 들어온 물이 출렁거리지 않아 활동하기 좋다. 그렇다고 너무 작은 슈트를 입으면 근육과 관절을 움직이기에 부담스러우므로, 몸에 밀착되면서도 팔다리는 자유자재로 휘둘러지는 정도의 핏으로 착용해야 한다.

기온이 상승하는 여름에는 래시가드나 보드숏만 입은 채로 서핑을 배우거나 즐기러 오는 사람들이 더러 있다. 하지만 추위를 많이 타는 체질이 아니어도 서핑슈트 착용을 권장한다.

국내의 경우 6월까지는 수온이 섭씨 20도가 넘지 않는 지역이 많다. 심지어 제주도의 남쪽 해변도 마찬가지다. 대중목욕탕에 있는 냉탕의 수온이 섭씨 15도 내외인데, 냉탕에 몸을 담갔을 때 근육이 바짝 긴장되는 느낌을 알고 있다면 섭씨 20도가 채 되지 않는 수온에서 긴 시간을 맨몸으로 버틴다는 것이 쉽지 않을 거라 상상할 수 있다. 체질과 허세를 앞세워 낮은 수온의 바다에 들어가 악착같이 버티다가는 입술이 파래지고 손끝과 발끝이 저리면서 저체온증에 걸릴 수 있다.

기온이 따뜻한 여름에도 냉수대가 올라오기도 하고, 따뜻한 날씨여도

젖은 살갗에 바람이 불면 체온 손실이 발생할 수 있다. 서핑은 뙤약볕에 달 궈진 모래사장에 누워 있다가 물속에 몸을 잠깐 담그는 것이 아니다. 강습을 받게 된다면 최소 한 시간 가까이 물속에 몸을 담그고 있어야 하므로 극악무도한 더위가 아니라면 웻슈트 착용을 추천한다.

서핑슈트는 다이빙 또는 프리다이빙 슈트보다 좀 더 활동성을 고려하여 제작된다. 재질, 디자인 등 차이가 나므로 서핑을 위해서는 서핑 전용 슈트를 착용하자.

두께에 따른 분류

서핑슈트는 수온과 기온에 맞춰 입는다. 국내에는 사계절이 있기 때문에 계절별로 다양한 길이와 두께의 슈트가 필요하다. 지역에 따라 수온 차가 있어 같은 시기에도 다른 두께의 슈트를 입기도 하지만, 보편적으로 입는 두께를 살펴보자.

보통 여름과 가을에 서핑을 배우게 된다면 몸통은 3밀리미터, 팔다리는 2밀리미터로 된 슈트를 입는다. 서퍼들은 줄여서 '3/2mm(읽을 때는 '삼이미리') 슈트'라고 한다. 겨울과 봄에 몸통은 5밀리미터, 팔다리는 3밀리미터 또는 4밀리미터로 된 슈트를 입는다.

특히 겨울용 슈트는 안에 기모를 덧대어 보온 기능을 추가하는 경우가 많은데 이를 '세미드라이 슈트'라고 한다. 물이 전혀 유입되지 않는 드라이 슈트보다는 약간의 물이 유입되지만, 건조가 빠른 기모 내피로 인해 체온이 유지되는 기능성 슈트다. 국내에서 겨울 서핑을 한다면 세미드라이 슈트를 추천한다. 드라이 슈트를 입으면 뽀송뽀송하게 서핑을 즐길 수 있을 것이다. 하지만 세미드라이 슈트가 비용적으로 드라이 슈트보다 저렴하고, 한국 겨울의 수온과 기온에 대응하기에도 충분하다.

　수온이 차가워질수록 두꺼운 슈트를 입는 게 좋다고 생각할지 모르겠지만 지나치게 두꺼운 슈트는 몸을 둔하게 만들고, 무엇보다 입고 벗기가 정말 힘들다. 처음 서핑을 배울 때 슈트를 입는 순간부터 좌절하는 사람도 많다. 3/2mm 슈트를 입고 벗는 것도 쉽지 않지만, 5mm 슈트의 경우에는 혼자 입고 벗는 것이 불가능할 정도로 탈의 난이도가 높다. 결코 농담이 아니다. 가끔은 요령 없이 억지로 입고 벗다가 근육이 놀라서 담이 오기도 한다. 서핑을 마치고 혼자 탈의실에 들어갔다가 슈트에 끼어 꼼짝 못 하는 사람을 마주친 경험, 서퍼라면 누구나 있을 것이다.

　만약 피부가 땀으로 젖었거나 슈트 자체에 물기가 있어 입기가 어렵다면, 손발에 비닐봉지를 씌워 마찰력을 줄인 다음 입으면 된다. 또 슈트를 쉽게 입고 벗을 수 있도록 지퍼를 넓은 부위에 달거나, 내피에 기다란 줄을 달아 줄을 당겨 슈트가 뒤집히도록 하는 등, 다양한 기술이 개발되어 있다.

지퍼 방식에 따른 분류

　서핑슈트를 잠그는 방식도 다양하다. 입문자가 처음 대여한다면, 등 쪽에서 지퍼를 올리는 백집(Back zip) 형식의 서핑슈트를 입게 될 것이다. 착용하기가 가장 간편한 형태이기 때문이다. 가끔 지퍼를 앞쪽으로 향하게 입고

나오는 분들이 종종 있는데, 지퍼의 종류에 따라 다르겠지만 일반적으로
지퍼가 앞에 있으면 보드 위에 엎드렸을 때 지퍼가 명치를 눌러 서핑하는
동안 통증을 유발하거나 거슬릴 수 있다. 마찬가지 이유로 래시가드를 입
더라도 앞에 지퍼가 있는 것, 여성의 경우 장식이 달린 탑(Top)은 피하는 것

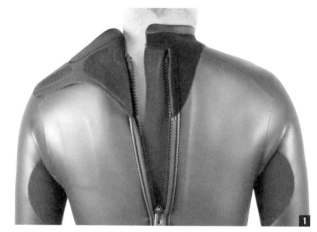

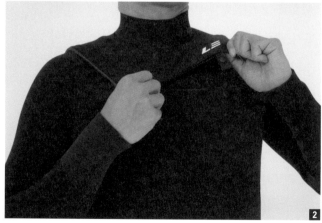

1 백집

2 프론트집

이 좋다.

　앞에서 양쪽 어깨와 쇄골을 지나는 라인으로 지퍼를 잠그는 방식인 프론트집(Front zip)도 있다. 몸을 넣을 수 있는 부위가 넓지 않기 때문에 백집에 비해 입는 것이 조금 어려울 수 있으나, 그만큼 해수 유입이 덜 된다는 장점이 있다.

소매와 바지 길이에 따른 분류

　소매와 바지의 유무 또는 길이에 따라서도 슈트를 구별한다. 긴팔과 긴바지로 되어 있어 손발을 제외하고 전신을 덮는 형태를 '풀슈트(Full suit)'라고 한다. 초보들의 경우에는 체온 유지를 위해서 뿐만아니라 안전을 위해서라도 풀슈트를 착용하는 것이 좋다.

　아무리 훌륭한 슈트도 맨몸으로 서핑하는 것보다는 편할 수 없기 때문에 서퍼들은 체온 유지만 가능한 정도에서 최소한으로 걸치고 서핑을 즐기고 싶어 한다. 그렇기 때문에 다양한 소매와 바지 길이의 조합이 등장하게 된 것이다. 수온이 차갑다면 하의가 긴 디자인을, 기온이 차갑다면 상의가 긴 디자인을 선택하면 된다. 민소매에 긴바지(롱존), 긴 팔에 반바지(스프링) 등 그날그날의 날씨에 맞춰 골라 입을 수 있다면 가장 좋다. 다만 모든 종류의 슈트를 다 갖추기에는 금전적으로 부담이 되므로 국내에서 가장 활용도가 높은 3/2mm 풀슈트를 먼저 갖추고, 그 이후 차츰차츰 다른 스타일과 두께의 슈트를 늘려가는 것을 추천한다.

　서핑을 처음 접할 때 기온이 높아서 맨몸이나 래시가드만 착용하고 서핑을 배우고자 하는 사람들이 있다. 하지만 처음 교육을 받을 때 사용하는 소프트 탑 롱보드의 탑에는 미끄럼 방지를 위한 요철들이 있어 반복 동작을 하거나 습관에 따라 신체의 일부가 쓸리게 된다. 보통 손바닥, 무릎, 허벅지 등이 많이 쓸려 붉게 달아올라 쓰라리고, 심하면 피딱지가 생기기도 한다. 피부가 쓸린 채로 소금물과 모래에 닿으면 불이 난 듯 화끈거리고 고통스럽다. 특히 남성들의 경우 웃통을 벗고 서핑하는 경우가 많은데, 가슴의 중요 부위에서 피눈물이 나는 경험을 하게 될 수도 있으니 첫 강습부터 호기롭게 웃통을 벗고 서핑하는 일은 없도록 하자.

불가피하게 슈트를 입지 않았거나 슈트를 입고도 피부가 쓸린다면, 쓸리는 부위에 바셀린을 발라 마찰을 줄여보자. 단, 미끄러지면 안 되는 손바닥이나 발바닥은 피해서 바른다.

3 | 리쉬코드

만약 강아지를 키우고 있다면 '리쉬코드(Leash code) 또는 '리쉬(Leash)'라는 단어가 익숙할 것이다. 개를 산책시킬 때 사용하는 목줄을 '리쉬'라고 한다. 서프보드와 서퍼를 연결해 주는 안전장치 역시 '리쉬코드'라고 하는데, 서퍼들 역시 짧게 줄여 '리쉬'라고 부른다. 서핑용 리쉬는 서퍼들의 발목에 착용하여 서퍼들이 물에 빠졌을 때 보드가 멀리 떠내려가지 않고 서퍼 가까이에 머물 수 있도록 해준다.

1970년대 초반 리쉬가 개발되기 전까지 서퍼들은 파도를 타고 보드를 놓

리쉬코드

치면 해변까지 수영을 해서 보드를 가지러 갔다가 다시 바다로 돌아와야 했다. '리쉬'라는 혁신적인 서핑용품이 발명된 이후 서퍼들은 같은 시간 안에 훨씬 많은 파도를 탈 수 있게 되면서 서핑의 평균 실력을 향상하게 되었다.

　또한 리쉬 덕분에 서퍼들은 보다 안전하게 서핑을 즐길 수 있게 되었다. 만약 리쉬가 없었다면 수영을 못하는 사람들은 서핑을 시작하기가 쉽지 않았을 것이다. 물에 빠졌을 때 서프보드가 멀리 떠내려가고 없다면 몹시 당황스러울 테니까 말이다.

　특히 국내에서 서핑할 때는 수상레저안전법 시행규칙*에 의해 리쉬 착용이 법으로 규정되어 있다. 수상레저를 즐길 때는 반드시 구명조끼를 착용해야 하고, 서핑의 경우에는 구명조끼를 대신해 리쉬를 착용해야 한다. 리쉬를 착용하지 않으면 보드가 떠내려가 본인에게 위험한 상황이 발생할 수 있을 뿐더러, 떠내려간 서프보드에 타인이 부딪혀 부상을 당할 수도 있으므로 반드시 리쉬를 착용하도록 하자.

　일반적으로 보드의 길이 정도 되는 리쉬를 착용해야 한다. 예를 들어 9ft의 보드를 탄다면 9ft의 리쉬를 사용한다. 물에 빠지게 되면 리쉬가 보드를 잡아당겨 리쉬와 연결된 서퍼에게 돌아오는데, 보드의 길이보다 짧은 리쉬를 착용하였을 경우 보드와 서퍼 사이에 여유가 없기 때문에 보드가 빨리 돌아오게 된다. 그렇게 되면 내 보드에 맞아서 부상을 당하게 된다. 게다가 리쉬가 짧으면 보드 위에 섰을 때 기동 범위가 좁아지게 되어 동작에도 방해가 된다. 반대로 길이가 너무 길어지면 리쉬가 꼬여서 불편하므로 서프보드에 알맞은 리쉬를 선택하도록 하자.

　리쉬는 서퍼의 안전벨트와도 같기 때문에, 서핑 전에 항상 꼼꼼히 확인하

는 습관을 들여야 한다. 서핑을 자주 하는 서퍼들도 리쉬의 길이가 많이 늘어
났을 경우 안전을 위해 교체한다. 그리고 큰 파도에서 서핑을 하고 나면 그만
큼 리쉬가 받는 스트레스가 커지기 때문에 항상 리쉬를 잘 체크해야 한다.

　리쉬를 확인할 때는 먼저 줄에 흠집이 있는지 살펴보자. 작은 흠집일지
라도 힘 있는 파도를 한 방 맞으면 바로 끊어질 수 있다. 또한 격렬한 동작
에도 리쉬가 풀리지 않을 정도로 벨크로의 접착력이 좋은지, 동작이 자유
로우면서도 베어링이 튼튼하게 연결되어 있고 잘 돌아가는지 등을 확인하
는 습관을 들이자.

수상레저안전법 시행규칙 제23조(안전장비의 착용)

제23조(안전장비의 착용) ① 수상레저활동을 하는 사람은 법 제20조에 따
라 관할 해양경찰서장 또는 특별자치시장·제주특별자치도지사·시장·군
수 및 구청장(구청장은 자치구의 구청장을, 서울특별시의 관할구역에 있는 한강
의 경우에는 서울특별시의 한강 관리에 관한 업무를 관장하는 기관의 장을 말하며,
이하 "시장·군수·구청장"이라 한다)이 안전장비에 관하여 특별한 지시를 하
지 않는 경우에는 구명조끼[영 제2조제2항제8호 및 제16호에 따른 서프
보드 또는 패들보드를 사용하여 수상레저활동을 하는 경우에는 보드 리쉬
(board leash: 서프보드 또는 패들보드와 발목을 연결하여 주는 장비)를 말한다]
를 착용해야 하며, 영 제2조제2항제6호에 따른 워터슬레이드를 사용하여
수상레저활동 또는 래프팅을 할 때에는 구명조끼와 함께 안전모를 착용해
야 한다.

서 퍼 가 되 기 위 한 첫 단 추

서핑입문강습

1 | 좋은 서프샵 고르기

서핑을 처음 배울 때 제일 중요한 것은 좋은 서
프샵을 선택하는 것이다. 국내에는 250여 개의 서
프샵이 있다. 처음 방문한 서프샵의 위치, 그 샵의

서프샵 예약 전
알아야 하는 것들

분위기, 샵 사장님이 추구하는 서핑에 대한 철학이나 서핑 스타일 등은 앞
으로 나의 서핑 인생에 꽤나 영향을 끼치게 될 것이다.

그렇기 때문에 서핑을 제대로 배워보고자 마음을 먹었다면 첫 서프샵을
고르는 일부터 시간을 들여 고민해 보길 바란다. 무엇보다 안전을 위해서
라도 제대로 된 서프샵을 고르는 것은 중요하다. 한국의 서핑 문화가 빠르
게 발전하면서 대부분의 서프샵들이 좋은 시설과 장비, 체계적인 커리큘럼
을 갖춰가고 있다. 하지만 그렇지 못한 서프샵들도 간혹 있으므로 지금부
터 좋은 서프샵을 고르는 방법을 함께 알아보자.

우선 강습료가 저렴하다고 혹해서는 안 된다. 서프샵마다 각자의 사정이
있겠지만, 나의 경우 아끼는 가족, 친구, 지인이 서프샵을 추천해 달라고 할
때 강습료가 상대적으로 많이 저렴한 업체는 절대 추천하지 않는다. 이렇
게 말하는 데에는 나름대로 근거가 있다.

핫플레이스에서 강습을 받고자 한다면 그만큼 임대료가 비쌀 수밖에 없
으므로 강습료 역시 올라가는 것이 당연하다. 처음 서핑에 입문할 때 하루
종일 서핑만 하고 가는 사람은 거의 없다. 모처럼 바닷가에 온 김에 서핑
전후로 이것저것 다양한 것을 경험하고 싶어 한다. 맛집, 예쁜 카페, 숙소,
쇼핑, 술집을 누리고 싶다면 이러한 인프라가 가까운 곳에 있는 서프샵은

임대료가 비쌀 것이 틀림없고, 이는 강습료에 영향을 미친다. 또한 지상교육을 받고, 탈의와 샤워를 하기 위한 부대시설이 깨끗하고 편리하게 갖추어져 있다면 이 역시 강습료에 반영될 것이다.

그리고 장비는 많은 사람이 자주 사용할수록 망가지기 쉬워 제 기능을 하기 어려운 소모품이다. 서핑 장비의 기능이 망가지는 것은 안전사고와도 직결되는 문제다. 고객의 안전을 위해 장비를 꼼꼼히 관리하며 자주 정비하고 교체하는 업체라면 비용을 많이 사용하는 것이 당연하고, 시설비와 시설 관리비는 강습료에 영향을 미칠 수밖에 없다.

또한 강습하는 동안 고객의 안전을 책임지고 변화하는 파도 상황에 유연하게 대처하여 고객의 눈높이에 따라 강습을 진행할 수 있는 숙련된 강사를 채용하여 강습의 질을 높인다면, 이것 역시도 강습료 상승의 요인이 된다. 특히 한 명의 강사에게 배정되는 인원수는 정말 중요한데, 너무 많은 인원이 한 명의 강사에게 배정되면 강습이 원활하게 진행되기 어렵다. 한 명의 강사에게 최소의 인원이 붙는 것이 가장 좋으며, 해변에서 강사의 목소리가 들리지도 않을 정도로 많은 인원이 한 번에 교육을 듣는 곳은 피하는 것이 좋다.

특히나 서핑을 처음 배울 때는 파도 타는 횟수가 많을수록 서핑의 매력과 재미를 느낄 수 있는데, 강습 인원이 많으면 파도를 탈 수 있는 횟수가 적어지므로 몇 번 시도도 해보지 못하고 강습이 끝나버린다. 비용이 저렴한 곳이라면 한 명의 강사에게 다수의 고객이 배정될 확률이 높다. 저렴한 비용만큼 파도를 조금 타게 될 것이다. 게다가 인원이 많다면 강사가 한 명 한 명 신경을 써주기가 어렵기 때문에 강습생이 떠내려가거나 부상을 당하더라도 빠르게 대처하기 힘들고, 결국 안전사고로 이어질 수 있다.

안전에 대한 언급은 모든 문장마다 넣어도 모자라지만, 첫 강습에서의 안전교육은 특히나, 굉장히, 몹시 중요하다. 첫 입문 강습 이후 추가로 안전교육을 받는 일은 상당히 드물기 때문에, 처음 받은 안전교육이 입문자의 안전에 대한 인식의 전부가 될 수도 있다. 급하고 어설픈 안전교육은 입문자의 안전을 보장하기 어렵고, 이러한 교육을 받은 사람은 바다에서 타인을 위협하는 서핑 빌런으로 진화하게 된다. 안전교육은 입문자에게 지루할 수 있으나, 그렇다고 결코 허투루 진행되어서는 안되며 무거운 책임감을 동반해야 한다.

핫플레이스에서 잘 관리된 시설과 장비를 사용하고, 안전하면서 체계적인 교육을 받고 싶다면 어느 정도의 강습료는 감수하자. 조금 저렴하게 서핑에 입문하고 싶다면 덜 핫한 곳으로 가면 된다. 추가로 한 명의 강사에게 최대 몇 명이 배정을 받게 되는지, 이론 강습과 바다에서의 실습 시간이 어떻게 구성되는지 등을 먼저 확인하는 것이 중요하며, 이것이 오히려 돈을 아끼고 앞으로 서핑할 때 안전과 재미를 보장할 것이다.

2　│　첫 서핑을 위한 준비물

서핑을 처음 가려고 하니 마음이 설레는가? 몇 날 며칠 서프샵을 고르느라 래시가드 쇼핑을 깜빡해서 당황스러운가?

걱정할 필요 없다. 요즘은 서프샵마다 워낙 시설이 잘 갖추어져 있어, 많은 것들을 생략하고 간편히 몸만 다녀오는 것도 가능하다. 무엇보다 처음 서핑을 하게 된다면 래시가드보다는 서프샵에서 빌려주는 서핑 슈트 입는 것을 추천한다.

대부분의 서핑 장비는 서프샵에서 빌릴 수 있다. 특히 강습을 예약하였다면 강습료에 장비 대여료가 포함되어 있기 때문에 처음부터 서핑 장비를 구입해서 갈 필요가 없다.

하지만 서핑 전후로 준비하면 서핑할 때, 그리고 일상에 돌아와서 우리를 좀 더 편하게 만들어 주는 것들은 있다.

서핑슈트 안에는 무엇을 입을까?

서핑슈트는 네오플랜 재질로 되어있기 때문에 반복적인 동작을 하다 보면 피부가 쓸릴 수 있다. 또는 예민하고 민감한 부위에 네오플랜이 그대로 닿는 것을 꺼리는 사람도 있다. 그렇기 때문에 서핑슈트 안에는 일반적으로 수영복을 입는다.

수영복은 최대한 장식이 없고 몸에 달라붙는 디자인이 좋다. 남성의 경우 딱 달라붙는 사각 또는 삼각 수영복을 입으면 편하다. 만약 펑퍼짐한 트렁크 스타일의 보드숏을 슈트 안에 입게 되면 구깃구깃 주름이 져서 입기도 힘들고 보기에 좋지 않을뿐더러, 주름진 부분에 살이 눌리면 통증이 발생할 수 있다. 여성의 경우 비키니든 원피스든 상관없지만 장식이 없는 디자인을 입도록 하자. 장식이 있는 수영복을 입을 경우 장식 때문에 슈트를 입고 벗기가 어려워 장식이 망가지거나 반대로 슈트가 망가질 수 있다. 그리고 프릴 디자인이나 끈으로 묶는 형태의 수영복 역시 주름 지거나 매듭

이 지는 부위에 살이 눌려 아프고 불편할 수 있다.

　　가끔 수영복을 깜빡해서 속옷을 입고 슈트를 입는 분들도 종종 있다. 물론 상관은 없지만 속옷의 경우 물에 젖으면 물을 머금어 무거워지고, 늘어나게 되면서 활동이 불편해지고 속옷 자체가 망가지게 된다. 이 정도 이야기했으면 꼭 수영복을 챙기도록 하자.

자외선 차단제 + 서핑 모자

　　서핑슈트 안에 속옷을 입을지언정, 자외선 차단제는 반드시 챙겨 단단히 발라야 한다. 한국 사람들은 하얀 피부에 집착하는 정도에 비해 자외선을 얕잡아 보는 경향이 있다. 자외선 차단제를 대충 바르고 단 10분 서핑을 한 다음 뼈저리게 후회해도 소용없다. 이미 돌아올 수 없는 강을 건넜으니까 말이다. 자외선 차단제를 바르지 않거나 소극적으로 바르고 서핑을 즐기고 나면 그 흔적은 1년이 훌쩍 지날 정도로 꽤나 오래간다.

　　유튜브를 통해 내 얼굴을 아는 사람들은 믿지 않겠지만, 사실 나도 서핑 전에는 21호(밝은 톤의 화장품)를 쓰던 사람이다. 서핑 초기에 방심하다 그을린 것도 있지만, 꾸준히 서핑을 하다 보니 자외선 차단제를 꼼꼼하게 발라도 이전의 피부색으로 돌아오지 않는다.

　　처음 서핑 강습을 받던 날 샤워를 마치고 나온 나를 보더니 강사가 이런 말을 했다. "장갑 생기셨네요?" 슈트를 벗고 나서야 슈트 밖으로 나와 있던 손과 발이 장갑과 양말을 착용한 것처럼 새까맣게 그을었다는 사실을 깨달았다. 한여름에 검은 장갑을 긴 손이라니 웃기면서도 민망한 모양새였다.

53

서핑 준비물

54

장식 없는 비키니
또는 원피스 수영복

방수 슬리퍼

자외선 차단제

서핑 모자

발리에 서핑 트립을 갔을 때는 보드에 무릎이 자꾸 쓸려서 7부 레깅스를 입고 탔는데, 중목 양말을 신은 것 처럼 종아리의 반만 까맣게 탔다. 한국에 돌아와서 종아리가 부끄러워 한동안 치마를 입을 수가 없었다. 민망할 정도로 피부가 그을리는 것은 정말 순식간이다.

    단지 미관상의 이유로 자외선을 차단해야 하는 것이 아니다. 적당히 햇볕을 쬐는 것은 비타민D 흡수도 되고 스트레스도 줄여주는 효과가 있지만, 뭐든 과하면 부족한 것만 못한 법! 자외선에 지나친 노출은 피부에 자극을 주고 통증을 유발하며 지속될 경우 피부암으로 발전할 수 있다. 실제로 서퍼는 피부암에 걸릴 확률이 6배나 더 높다는 연구 결과도 있다. 피부암까지 아니어도 자외선에 자주 노출되면 피부가 자극을 받고 건조해져서 피부

© 사진제공 윅스트리모션

노화가 빨리 오게 된다. 그렇기 때문에 서핑할 때는 특히 워터프루프 기능이 있는 자외선 차단제를 준비하고, 얼굴뿐만 아니라 햇볕이 닿을 수 있는 목, 귀, 손등까지 꼼꼼하게 발라야 한다. 서퍼들이 자주 사용하는 스틱형 자외선 차단제나 징크를 덧발라 주는 것도 좋은 방법이다.

얼굴에 닿는 자외선을 더욱 확실하게 차단할 방법은 서핑 모자를 착용하는 것이다. 서핑을 처음 하다보면 예상치 못하게 물에 빠지는 경우가 많고 정신이 없기 때문에, 나도 모르게 어푸어푸 세수를 하면서 자외선 차단제가 씻겨 나간다. 또는 물에서 놀다 보면 재미있어서, 귀찮아서 두세 시간 후 자외선 차단제를 덧바르는 것을 간과하기 쉬우므로 서핑 모자를 강력 추천한다.

서핑 모자는 생활 방수 재질의 귀를 덮는 턱끈이나 간단한 목끈이 달려 있는 모자로, 파도가 쳐도 날아가지 않도록 만들어진 기능성 제품이다. 착용하지 않았을 때보다 시야를 가리는 감이 없지는 않지만, 피부가 자극받을 염려를 줄여주고 햇빛을 가려줘 눈부심을 방지해 시력도 보호된다. 또한 눈 위로 물이 바로 흘러내리는 것을 막아주기도 한다. '서프햇' 또는 '서프캡'이라고 부르는 서핑 전용 모자는 서핑뿐만 아니라 등산, 캠핑, 워터파크 등에서도 사용할 수 있어서 미리 하나 구입해 두면 여러모로 유용하다.

자외선 차단제를 바를 때는 입술까지 꼼꼼하게 바르자. 입술이 자외선에 장시간 노출될 경우 입술이 붓고 트며, 염증이 생기고, 장기간 방치할 경우 피부암으로 발전할 수 있다.

슬리퍼

슬리퍼는 바닷가를 찾은 당신의 OOTD를 위한 아이템이지만, 발바닥의 안전을 위해서도 필요하다. 해수욕장은 대부분 모래사장이니 맨발로 다녀도 크게 아프지 않을 것 같다고 생각하면 오산이다. 우선 땡볕 아래 모래사장과 아스팔트는 상상 이상으로 뜨거워서 잠시도 맨발로 딛고 있기가 어렵다. 그리고 모래에 나뭇가지, 깨진 조개껍데기, 유리 조각 등이 섞여 있어 발을 다칠 수 있다.

가죽이나 스웨이드 재질의 슬리퍼는 소금물에 젖으면 변형이 오고, 제대로 건조하지 않으면 감당하기 어려운 냄새가 날 수 있다. 그러므로 물과 모래가 쉽게 빠지는 방수 소재의 슬리퍼 또는 조리를 준비하여 발을 보호하면서 해변까지 이동하자. 발이 햇볕에 그을리는 것이 싫다면 워터슈즈나 워터삭스를 착용하는 것도 대안이 된다.

KEEP

SURFING

LEVEL

02

그대들은

어 떻게

서 핑 할

것 인 가

파 도 위 에 서 기 까 지
서핑의 기본 동작

사실 서핑이란 파도를 타는 모든 행위를 의미하기 때문에 보드 위에 일어서서 타든, 엎드려서 타든, 무릎을 꿇고 타든 상관은 없다. 심지어 물구나무를 서서 타는 사람도 있다. 각자의 능력과 취향에 따라 즐거운 방법으로 파도를 타는 것은 심리적 부담을 줄이고 뜻밖의 재미를 가져다준다. 그러니 보드 위에 일어서지 못했다고 해서 좌절하지 말자. 보드 위에 서는 것보다 파도의 힘을 느끼는 것이 먼저다. 그리고 만약 서핑의 노잼 시기가 찾아온다면, 기존과는 다른 방법으로 즐겨보는 것을 추천한다. 나무 널빤지 위에 엎드려 벨리보드를 타거나, 맨몸으로 보디서핑을

즐기는 영상들을 유튜브 채널
'킵서핑'에서 찾아보길 바란다.
일어서서 타는 서핑 못지않게
행복한 표정으로 입을 다물지
못하는 필자를 발견할 수 있을
것이다.

나무판 위에 엎드려 타는
밸리보드

맨몸으로 파도를 타는
보디서핑

하지만 당신이 이 책을 펼친 이유는 보드 위에 '서서' 서핑을 즐기고 싶기 때문임을 알고 있기에, 우선은 가장 대중적인 방법인 보드 위에 서서 서핑을 즐기는 방법을 설명하겠다.

1 | 바다로 나가기 전에 체크하기

레귤러? 구피?

서핑의 기본 동작을 배우기 전에 먼저 자신의 스탠스를 알아야 한다. 스탠스는 양발 중에 어느 발이 앞으로 오는지를 의미한다. 손을 쓸 때도 주로 사용하는 쪽이 있는 것처럼 발 역시도 그렇다. 평소에는 잘 인지하지 못할 수 있으나 스노보드, 스케이트를 타 본 경험이 있다면 힘 조절이 좀 더 자연스러운 발이 있다는 것을 알고 있을 것이다. 자신의 스탠스를 모른다면 축구공 차는 시늉을 하면서 어떤 발로 공을 차는지 확인해 보자. 공을 차는 발이 주로 사용하는 발이다.

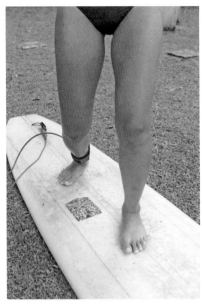 

레귤러 스탠스   구피 스탠스

보드 위에 옆으로 서 있을 때 주로 사용하는 발이 뒤로 가게 된다. 오른발이 뒤로 가고 왼발이 앞에 있는 경우를 '레귤러 스탠스', 반대로 오른발이 앞에 있고 왼발이 뒤로 가는 경우를 '구피 스탠스'라고 한다. 일반적으로 '스탠스'를 생략하고 '레귤러(Regular)', '구피(Goofy)'라고 부른다.

리쉬코드 착용하기

자신의 스탠스를 확인했다면 리쉬코드를 뒷발의 발목에 착용한다. (레귤러는 오른발, 구피는 왼발에 착용) 서핑 중에 리쉬코드가 헐거워지지 않도록 벨크로를 꼭 조이도록 하자. 기다란 줄이 달린 고리가 발목에서 빙글빙글 돌면 집중이 흐트러지고, 동작을 할 때 발 아래에서 꼬이는 등 굉장히 거슬린다. 그러므로 리쉬코드가 돌아가지 않도록 있는 힘껏 조여주는 것이 좋다. 리쉬코드의 줄이 바깥 복사뼈로 향하도록 착용해야 서핑할 때 줄의 방해를 덜 받는다.

국내에서 서핑을 배운다면 드문 일이긴 하지만 물 아래에 있는 돌이나 산호에 리쉬가 걸리거나, 서퍼들끼리 겹쳐 리쉬가 꼬이는 경우가 있다. 이럴 때는 재빠르게 리쉬를 풀어서 수면 위로 올라와야 한다. 나 역시 필리핀 트립을 갔다가 돌 사이의 구덩이에 빠졌는데, 뾰족한 돌 어딘가에 리쉬가 걸려 리쉬를 급하게 풀고 탈출한 경험이 있다. (리쉬가 풀려 떠내려간 보드는 돌바닥에 나뒹굴다 처참하게 망가졌지만 내 몸은 무사했다.)

원하지 않을 때 리쉬가 풀리거나 끊어지는 것은 곤란하지만, 필요할 때 리쉬를 풀지 못하면 위험한 상황이 발생할 수 있다. 그러므로 리쉬를 착용하는 방법과 함께 리쉬를 해체하는 방법도 배워야 한다.

발목에 있는 리쉬의 벨크로 끝에는 작은 고리가 있다. 리쉬를 착용한 발과 같은 방향의 손을 발목 안쪽으로 넣어 고리를 힘차게 당기면 리쉬가 한 번에 풀린다. 실제로 긴박한 상황에 처하게 되면 당황해서 배운 것도 까먹게 된다. 그러니 물에 들어가기 전에 리쉬를 빠르게 풀어내는 연습을 두세 번 반복하도록 하자.

리쉬코드를 잘 착용했다면 이제부터 진짜로 서핑의 기본 동작을 배울 차례다. 서핑을 즐기기 위해서는 반드시 다음 동작을 할 수 있어야 한다.

줄이 바깥
복사뼈에
자리하도록 한다.

리쉬코드 착용 방법

66

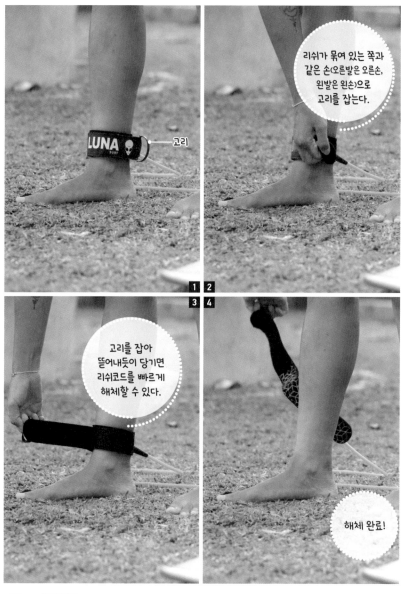

리쉬코드 해체 방법

2 | 라인업, 바다로 나가는 방법

기존에 스노보드나 스케이트를 웬만큼 잘 타는 사람들도 서핑을 처음 배우면 헤매는 경우가 많다. 보드 위에 옆으로 서서 경사면을 타는 유사한 스포츠임에도 서핑이 더 어려운 데에는 여러 이유가 있다. 그중 하나는 바로 스스로 바다에 나가야 한다는 것이다. 스키장에 가면 슬로프를 타기 위해 리프트를 이용하지만 슬프게도 바다에는 리프트가 없다. 리프트를 타는 대신 나의 체력, 기술, 요령을 잘 합쳐서 슬로프를 탈 수 있는 먼바다까지 나가야 한다. 먼바다로 나간 다음에는 다양한 모양으로 밀려오는 파도 중에서 자신의 난이도에 맞는 파도를 스스로 구별하고 선택할 줄 알아야 한다. 심지어 하나의 슬로프에 한 명만 탈 수 있는 '서핑 룰'(6장 참고)에 따라 슬로프를 차지하기 위해 치열한 눈치싸움과 경쟁까지 벌여야 한다. 이렇듯 서핑은 보드 위에 일어서기 전에 익혀야 할 것들이 꽤 많기 때문에 판을 타는 다른 스포츠에 비해 익숙해지는 데 시간이 오래 걸릴 수밖에 없다.

수영을 어느 정도 할 줄 안다고 해도 보드와 함께 바다로 나갈 때는 이야기가 달라진다. (맨몸 수영이 가능해도 파도가 치는 바다에는 보이지 않는 조류, 이안류, 해저 지형의 위험물 등이 있으므로 쉽게 생각해서는 안 된다.) 특히 초보들이 사용하는 소프트탑의 경우, 길이는 3미터 가까이 되고 무게는 10킬로그램에 가깝기 때문에 보드와 함께 밀려오는 파도를 뚫고 먼바다로 나가는 것은 결코 쉬운 일이 아니다.

파도가 부서지기 직전 파도를 기다리는 위치를 서퍼들은 '라인업(Line up)'이라고 부른다. 라인업은 그날그날의 파도 상황에 따라 달라진다. 라인업까지

스키장에는 리프트가 있지만,
바다에는 리프트가 없다.

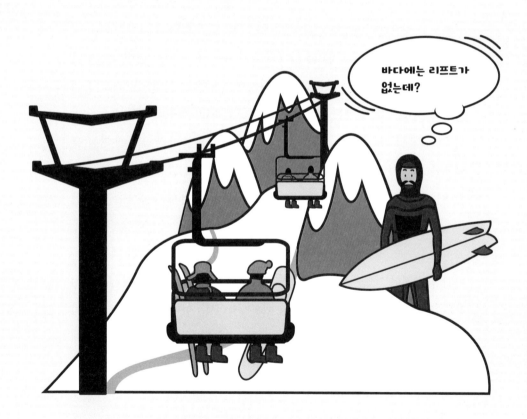

가는 행위 역시 '라인업'이라 부르기도 한다. 라인업을 할 때 에너지를 최소화해야 더 오래, 더 집중해서 서핑을 즐길 수 있다. 효율적인 라인업을 위해서는 파도의 상황을 파악하고, 보드를 다루는 방법을 익혀야 한다. 지금부터 체력을 아끼는 라인업 꿀팁을 알려주겠다.

파도가 잠잠해지기를 기다린다

바다를 관심 있게 관찰하다 보면 연달아 큰 파도가 친 다음 잠시 잠잠해지는 것을 볼 수 있다. 물과 육지의 경계가 되는 구역을 '쇼어(Shore)'라고 하는데, 해변으로 밀려오던 파도가 급하게 얕아지는 수심 때문에 격하게 부서지는 것을 '쇼어 브레이크(Shore break)'라고 한다.

초보 서퍼들뿐만 아니라 서핑에 숙련된 서퍼들도 쇼어 브레이크에서 부상을 당한다. 쇼어 브레이크의 위력은 보기보다 강력하다. 그렇기 때문에 이를 안전하게 뚫고 나가기 위해서는 파도가 잠잠해지는 시기를 기다려 바다로 들어오고 나가야 한다. 파도를 관찰하며 파도가 잠잠해지는 순간을 파악했다면, 잠잠해진 찰나에 망설임 없이 서둘러 바다로 나간다.

파도가 부서지지 않는 곳으로 들어간다

쇼어 브레이크가 유난히 강한 지역이 있는가 하면, 쇼어 브레이크가 있는지조차 느껴지지 않는 해변도 있다. 그렇다고 해서 바다로 나가기 쉬운 것은 아니다. 바다로 나가는 길에 파도가 계속 부서져서 출렁이는 거품이

서퍼들이 파도를 기다리는 위치가 라인업이다.

나를 다시 해변으로 밀어낼 것이다.

현명한 서퍼는 바다로 나갈 때는 최소한의 에너지를 사용한다. 해변으로 들어온 물은 다시 바다로 빠져나가는 성질이 있기 때문에 바다에는 항상 해변에서 바다로 향하는 물의 흐름이 있다. 이것을 '이안류'라고 부른다. 이안류에 대한 이해가 부족하면 이안류에 갇혀 먼바다로 떠내려가 패닉에 빠질 수도 있다. 하지만 이안류를 잘 활용하면 마치 스키장의 리프트를 탄 것처럼 내가 원하는 위치까지 큰 힘을 들이지 않고 도착하게 된다. 숙련된 서퍼들은 물에 들어가기 전에 지형을 파악하고, 파도를 관찰하여 이안류가 발생하는 위치를 확인한다.

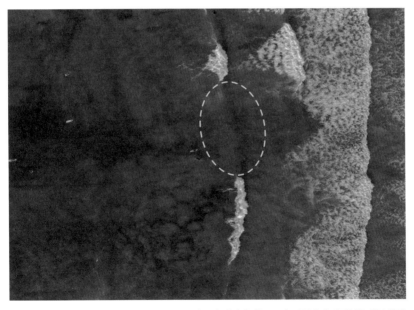

파도가 깨지지 않는 구역. 이곳에서 라인업을 해야 한다.

해변에서 수평선을 향해 튀어나온 지형지물이 있다면 그 옆을 따라 먼바다로 빠져나가는 물의 흐름이 있을 확률이 높다. 국내의 유명한 서핑 스팟인 양양의 남애3리 해수욕장, 물치 해수욕장, 동해의 대진 해수욕장, 포항의 용한 해수욕장에서는 방파제 옆을 따라 흐르는 이안류를 타고 원하는 라인업까지 이동한다.

지형지물 옆으로 흐르는 이안류는 먼바다로 나가기도 하지만, 지형지물로 당기는 힘도 같이 발생하기 때문에 지형지물에 너무 가까이 붙지 않도록 주의하여야 한다.

허리까지의 수심은 걸어서

수심이 얕은 곳에서는 패들보다 걸어 나가는 것이 더 효율적이다. 발이 닿는 바닥에 리프(산호)나 날카로운 돌이 있는 게 아니라면 허리 이상 잠기는 수심까지는 보드를 밀며 걸어서 나가자.

너무 얕은 곳에서 보드 위에 엎드려 패들을 하게 되면 보드가 가라앉아 핀이 바닥에 걸리거나 패들 할 때 손이 바닥에 닿게 된다. 반대로 수심이 가슴 정도까지 깊어지면 보드 위에 올라타기가 어렵고 걷기도 힘들어진다. 더 깊어지기 전에 미리 올라타서 패들을 시작하자.

허리 수심까지는 보드를 밀며 걸어서 라인업한다.

파도와 보드의 노즈는 항상 직각으로

　보드와 함께 물에 들어갈 때는 보드의 레일 옆에 서서 탑의 중앙에 앞 손, 테일 부분에 뒷 손을 놓고 파도와 노즈가 수직이 되는 방향으로 맞춰가며 힘차게 밀며 나간다. 파도는 해변과 평행하게 들어오기도 하지만 바람이 불거나 해저 지형의 형태에 따라 예상치 못한 방향에서 부서질 수도 있다. 그러므로 파도를 잘 확인하고 노즈의 방향을 파도에 잘 맞추어야 한다. 만약 파도가 부서져 거품이 밀려오고 있는데 수직이 되지 않고 사선 또는 수평으로 놓일 경우, 파도가 보드의 넓은 면적에 닿아 보드가 뒤집혀 나를 덮치게 된다.

　라인업 중에 앞에서 파도가 부서져 거품이 되었다면 테일 쪽에 얹어진 손으로 보드를 힘껏 눌러 노즈가 파도 위로 들리도록 한다. 파도와 처음 만나는 부분만 파도 위로 잘 넘어가면 그다음은 파도를 안전하게 넘어갈 수 있다. 만약 손으로 테일을 눌러 노즈를 들어도 파도를 넘어갈 수 없을 정도라면, 온몸으로 테일에 매달려 노즈를 더 높이 들면 된다.

파도와 나 사이에 보드가 놓여서는 안 된다

바다에서는 나, 보드, 파도의 위치가 굉장히 중요하다. 파도와 나 사이에 보드가 위치할 경우, 밀려오는 파도에 보드가 뒤집히거나 강하게 밀쳐지면서 나를 공격하게 된다. 그렇기 때문에 우리는 바다로 나가는 순간뿐만 아니라 보드에서 떨어졌을 때도 항상 보드의 위치를 바로 확인해야 한다.

보드에서 내려와 보드를 밀며 라인업 중이라면, 항상 보드의 레일 옆에서서 보드와 나란히 파도를 마주하도록 하자.

바다에 나갈 때
서프보드의 위치

주변 사람과 간격을 유지하면서

라인업을 할 때 주변 사람들과의 간격을 여유롭게 유지해야 한다. 앞서 나가고 있는 사람이 파도에 부딪혀 보드를 놓치게 되면 주변에 있던 사람들이 모두 위험해진다.

서프보드에는 보드와 서퍼를 연결해 주는 리쉬코드가 달려 있다. 보드 길이만큼의 리쉬코드를 착용하게 되는데, 3미터의 서프보드를 탄다면 리쉬코드의 길이 역시 3미터가 된다. 이 말은 곧 서프보드와 리쉬의 길이를 합한 반경 6미터 내에 있는 나를 포함한 모든 사람을 공격할 수 있다는 의미다. 그러므로 라인업을 할 때는 항상 안전거리를 확보하고 내 보드와 주변 서퍼들의 위치를 파악하여 혹여나 보드를 놓치더라도 위험한 상황이 발

파도와 서퍼 사이에 놓인 서프보드. 이런 경우가 절대 발생하게 해서는 안 된다.

생하지 않도록 해야 한다. 밀려오는 파도에 보드가 난동을 부리지 않도록 재빠르고 단단하게 보드를 잡도록 하자.

라인업을 할 때는 주변 사람들과 충분한 거리를 두어야 한다.

물 위에 떠 있는 보드 위에 올라가는 방법

허리 수심까지 무사히 나갔다면 이제 보드 위에 올라가야 할 차례다. 보드 위에 올라가는 방법은 쉬우면서도 중요하다. 파도를 피해 라인업을 하기 위해서는 보드 위에 빨리 오르고 내려야 한다.

긴 방향으로 보드의 중앙 구역에 양손을 어깨너비로 벌려 반대편의 레일을 잡는다. 손끝과 복근에 힘을 주고 가볍게 몸을 끌어당겨 배꼽을 보드 위에 정확하게 올린다. 뒷발이 물 밖으로 떠올랐다면 배꼽을 중심으로 상체는 노즈 방향, 하체는 테일 방향을 향하도록 몸을 돌린다. 보드 위에 올라간 다음 패들하기 좋은 위치로 몸을 조금씩 움직여 자리를 잡는다.

보드가 낯선 초보 중에는 종종 물 위에 떠 있는 보드에 발을 먼저 올려 보드와 함께 뒤집어지는 경우가 있다. 발을 먼저 올리게 되면 테일 쪽에 무게가 실리면서 보드가 한쪽으로 기울어져 보드의 균형이 무너지기 때문에 보드 위에 올라가기 어렵다. 반복적으로 연습이 된다면 균형을 무너뜨리지 않고 보드의 정확한 위치에 올라가 바로 패들을 시작할 수 있다.

국내에서 입문 강습은 주로 발이 닿고 바닥이 모래인 안전한 곳에서 진행되기 때문에, 보드에 올라갈 때 양발을 점프하여 보드 위에 올라가도 크게 문제는 없다. 하지만 언제든지 바닥에 위험 요소가 있을 수 있고, 발이 닿지 않는 곳에서 보드 위에 올라가는 상황도 자주 발생하기 때문에 **발을 딛지 않고 상체의 힘을 이용하여 보드 위에 올라가는 습관을 들여야 한다.**

물에 떠 있는 서프보드에
쉽게 올라가는 방법

서프보드 위에 올라가는 방법

3 │ 패들, 체력은 지키고 속도는 빠르게

육지에서는 두 다리로 이동한다면, 서핑을 할 때는 양팔을 사용하여 이동한다. 보드 위에 엎드려 수영을 하듯 양팔을 저어 앞으로 나가는 동작을 '패들(Paddle)', '패들링'이라고 한다.

스노보드를 탈 때는 리프트나 곤돌라를 타고 슬로프까지 이동하지만 서핑은 혼자 힘으로 패들을 해서 슬로프를 찾아다녀야 한다. 그리고 파도를 발견했다면, 패들을 하고 속도를 내서 파도를 잡아 슬로프 아래로 내려가야 한다. 정확한 동작으로 패들을 한다면 불필요한 체력 소모와 부상을 줄이고 팔을 여러 번 내젓지 않아도 앞으로 쭉쭉 나아갈 수 있다.

그렇다면 체력은 지키고 속도는 빨라지는 패들 요령을 알아보자.

우선 서프보드 위에 엎드린 위치는 굉장히 중요하다. 보드에 엎드린 상태에서 명치까지 상체를 들었을 때 노즈가 물에 잠기지 않을 정도의 위치에 자리를 잡도록 한다. 노즈 쪽으로 지나치게 가까이 가면 노즈가 잠겨 패들을 해도 저항을 많이 받을 것이다. 반면에 테일 쪽에 엎드려 테일이 잠긴다면 노즈가 너무 많이 들려 이 역시 앞으로 나아가는 데 저항을 발생시킨다.

가장 좋은 위치는 상체를 편한 만큼 들었을 때 노즈가 잠기지 않는 것이다. 처음 서핑을 하는 경우라면 상체를 들어 올리는 자세가 불편하거나, 생각보다 보드 위에 엎드리는 것만으로도 균형을 잡는 것이 어려울 수 있다. 휴대전화나 모니터를 보며 앞으로 숙여진 자세가 익숙한 현대인들에게는 특히나 불편한 동작이므로 안 된다고 좌절하지 말고 조금씩 적응해 나가면

보드 앞에 엎드려서 노즈가 잠기는 경우

보드 뒤에 엎드려서 노즈가 들리는 경우

상체를 들었을 때 노즈가 수면에 가깝고 잠기지는 않는 위치

잘못된 패들과 올바른 패들 위치

된다. 단, 절대 통증이 발생할 정도로 무리를 해서는 안 된다. 무리가 되지 않는 선에서 천천히 상체를 들어 보자.

패들을 할 때는 항상 상체를 들고 정면을 바라봐야 한다. 초보자들이 흔히 하는 실수 중 하나가 상체를 드는 동작이 불편하거나 통증이 유발되면, 얼굴을 보드에 묻은 채로 어깨만 돌려 패들을 하는 것이다. 이렇게 패들을 하면 회전근에 무리가 가고, 본인이 어디로 가고 있는지를 정확히 알 수 없을 뿐더러, 다른 서퍼를 확인하지 못해 부딪히거나 파도가 나를 덮치는 줄도 모른 채 파도에 휘말리는 위험한 상황이 연출될 수 있다.

패들뿐만 아니라 앞으로 모든 동작을 할 때 항상 상체를 들고, 가고자 하는 방향을 바라보아야 한다는 것을 명심하자. 시선이 향하는 곳으로 몸도 따라가게 되어 있다.

만약 허리나 다른 신체 부위에 통증이 느껴진다면, 무리하지 말고 잠시 보드 위에 엎드리거나 앉아서 쉬도록 하자. 보다 장시간의 휴식이 필요하다면 해변에 나와 충분히 휴식을 취하면서 체력을 보충하는 것이 좋다. 오기로 통증을 참다 보면 심각한 경우 발 저림, 하체 감각 이상, 소변 장애 등을 동반한 '파도타기 척수병증'에 걸릴 수 있다. 이는 평소보다 과하게 몸을 젖히는 동작으로 인해 발병할 수 있으므로, 초반에 무리하지 않고 동작을 익히면서 시간을 차츰 늘려가도록 하자.

이제 상체를 들고 정면을 바라보는 상태에서 팔을 저어 보자. 수영에서 자유형할 때의 스트로크와 서프보드 위에서 패들을 하는 가장 큰 차이는 상체의 고정 여부이다. 자유형을 할 때는 최대한 물을 많이 끌어당기기 위해 젓는 팔 쪽으로 어깨를 기울여 손을 멀리 보낸다. 하지만 서프보드 위에

패들하는 것만 봐도 서퍼의 실력을 어느 정도 파악할 수 있다.

서는 어깨가 기울어지면 보드 역시 기울어지게 되고, 이는 결국 저항을 만들어 낸다. 그렇기 때문에 서프보드 위에서 저항을 최소화하려면 상체는 고정한 채로 패들을 하도록 한다.

　손가락은 최대한 편하게 벌려 두고 팔이 앞으로 뻗어지는 만큼 내보낸 다음 물속 깊이 물을 당겨 내자. 물 안으로 들어간 팔은 팔꿈치를 살짝 구부려 보드 아래에서 물을 당긴다.

　팔과 등 근육을 사용하여 손끝을 허벅지가 있는 위치까지 정확하게 당기고, 손이 수면 위로 올라올 때 반대 손을 앞으로 찔러넣어 동작을 반복한다. 손을 다시 앞으로 가져올 때는 손끝이 수면을 스칠 정도로 팔꿈치를 접어서 가져오도록 한다.

　패들은 셀 수 없이 반복되는 동작이므로 한 동작 한 동작 최선을 다하기보다는, 꾸준하게 반복이 가능할 정도의 가동 범위와 속도를 유지하여 관절과 근육에 부담을 줄이고 가속된 속도를 잃지 않는 것이 중요하다. 패들을 연습할 때는 빨리 달리기가 아닌 '오래달리기'라고 생각해야 한다.

　초보자 중 근력이 부족하거나 요령이 없는 사람들은 물을 끝까지 당기지 않은 채 팔만 빠르게 많이 휘저으려 한다. 수면에서 팔을 파닥거리면 물만 많이 튀기고, 보드는 휘청이며 앞으로 나가지 않는다. 패들을 할 때 중요한 것은 팔을 젓는 횟수가 아니다. 한 번 물 아래로 손을 찔러 넣었을 때 물을 얼마나 정확하게 당겨내는가가 더 중요하다.

　패들을 할 때는 호흡도 함께 이어 나가는 것을 잊지 말자. 규칙적인 호흡은 리듬을 만들어 균형이 무너지지 않도록 도와주며 근육에 산소를 공급하여 근육이 빨리 피로해지는 것을 막아준다.

서프보드 위에서 일어서는 동작이
비행기가 활주로를 이륙하는 것과
비슷하다고 하여 '테이크 오프'라고 부른다.

4 | 테이크 오프

패들을 하다가 파도가 밀어주는 힘을 받아 속도가 증가하면서 파도의 경사면을 타고 내려가기 시작하는 순간, 바로 보드 위에 일어서야 한다. 이 동작은 마치 비행기가 활주로를 달리다가 이륙하는 것과 비슷하다고 하여 '테이크 오프(Take off)'라고 불린다.

테이크 오프를 정확하고 부드럽게 구사할수록 이후 라이딩의 성공률이 높아지게 된다. 파도는 끊김 없이 아날로그 형태로 밀려오기 때문에 서퍼의 동작 역시 끊어지지 않고 자연스럽게 연결되는 흐름을 갖는 것이 관건이다. 패들부터 테이크 오프까지 동작이 바뀌는 동안 파도는 유유히 흘러간다. 그 흐름이 끊기면 억지스러운 동작이 나오기 마련이다. 우리는 최대한 파도의 힘을 활용하고, 파도의 흐름에 방해가 되지 않도록 움직여야 한다. 동작을 부드럽게 연결하여 완성시킬 수 있도록 먼저 지상에서 충분히 훈련 하자.

테이크 오프를 하기 위해서는 타이밍을 잘 알아야 한다. 우선 멀리서 파도가 밀려오는 것을 발견하고 패들을 하여 파도의 힘을 가장 많이 받을 수 있는 위치로 이동을 해야 한다. 그리고 파도와 테일의 방향을 맞추어 파도가 보드의 테일부터 밀어주는 힘과 노즈가 파도의 기울기를 따라 미끄러져 내려가는 힘이 느껴질 때까지 패들로 속도를 맞추고, 파도와 함께 흘러나가야 한다. 보드가 앞으로 밀려 나가는 속도가 느껴진다면 패들을 멈추고 테이크 오프를 시작한다. 서핑 초보들은 테이크 오프 타이밍에 대한 감이 부족하기 때문에 보통 첫 입문 강습에서는 강사들이 보드를 밀어주면서 외치는 구령에 따라 테이크 오프를 시작한다.

테이크 오프의 방법은 크게 세 단계 또는 두 단계로 나눌 수 있다. 본인이 각각의 방법을 익혀보고 자연스러운 방식으로 연습하면 된다. 먼저 3단계로 나누는 과정을 알아보자.

쓰리 스텝 테이크 오프

One(원) 푸시(Push)

강사가 보드를 밀어 속도가 나기 시작했거나, 스스로 파도가 오는 것을 확인하고 패들을 해서 보드가 앞으로 밀려 나가고 있다면 푸시 동작을 시작한다. 보드 위에 엎드린 상태에서 손바닥을 가슴 양옆에 바짝 붙이고 탑을 짚는다. 이때 팔꿈치가 벌어지지 않고 팔꿈치끼리 등 뒤에서 맞닿는 기분으로 겨드랑이를 바짝 조여야 한다. 팔꿈치가 벌어지면 상체를 동시에 좌우 같은 힘으로 들어올리기가 어렵다.

그다음 손바닥으로 바닥을 밀어내면서 팔꿈치가 완전히 펴질 때까지 상체만 들어 올린다. 숙련자의 경우에는 이 상태에서 골반까지 보드에서 띄우기도 하지만, 일반적으로는 골반이 보드의 탑에 닿을 듯 말 듯한 상태이다.

시선은 턱을 들어 정면을 바라보자. 마치 스핑크스와 같이 바닥에 엎드린 상태에서 상체를 들어 꼿꼿하게 세운 모습일 것이다. 팔꿈치를 완전히 펴지 않고 조금이라도 구부리게 되면 좌우 균형이 맞지 않아, 보드가 기울거나 푸시 상태에서 원치 않는 방향으로 향하게 될 수 있다. 그러므로 팔꿈치는 최대한 다 펼 수 있도

쓰리 스텝
테이크 오프

록 한다. 허리가 좋지 않거나 팔의 힘이 약한 사람들은 처음부터 과도하게
상체를 들어 올리지 말고, 가능한 만큼만 팔꿈치를 폄으로써 척추에 무리
가 가지 않도록 하자.

89

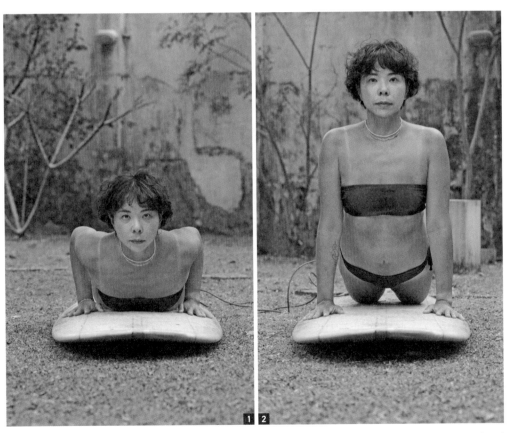

푸시 동작

Two(투) 뒷발 이동 팔꿈치를 다 펼쳐 상체를 들어 올린 상태에서 정면을 바라보고 있다면, 보드는 자연스럽게 파도 위를 미끄러져 나가는 중이다. 푸시 상태에서 계속 앞으로 나가는 것이 느껴지면, 바로 다음 동작을 이어 진행한다.

팔꿈치가 펴진 상태에서 양 무릎을 살짝 들어 올리는 동시에, 뒷발을 바깥으로 45도 꺾어 나머지 다리의 무릎까지 당긴 다음, 앞꿈치로 보드를 딛는다. 하늘에서 내려다보면 다리 모양이 4자로 보이게 될 것이다. 이 모습이 흡사 닭 날개 모양 같다고 해서 쓰리 스텝으로 이어지는 동작을 '치킨 윙'이라고 부르기도 한다. 시선은 항상 정면이라는 점을 절대 잊지 말아야 한다.

Three(쓰리) 일어서기 뒷발을 정확히 디뎠다면, 시선을 정면에 고정한 채로 정수리를 끌어올린다. 그러면서 양손 사이에 앞발을 당겨와 디딘 다음, 손끝을 떼고 몸을 일으켜 세운다.

이때 발의 간격은 어깨보다 조금 넓게 하여 중심을 잡기 유리하도록 한다. 일어섰을 때 허리와 골반이 자연스럽게 돌아갈 수 있도록 뒷발은 보드에서 45도 정도, 앞발은 조금 더 정면을 향하도록 각을 맞춘다. 양발 모두 한쪽 레일로 치우치지 않도록 보드의 중앙선에 맞춰 설 수 있도록 하자.

몸을 일으켜 세웠다면, 양손은 이제 막 걸음마를 뗀 아기처럼 손을 정면 향해 자연스럽게 뻗어 낸다. 그리하여 전체적인 중심을 앞쪽 허벅지와 앞발에 향하도록 한다. 이렇게 하면 뒷발의 뒤꿈치가 살짝 들리는 느낌이 날 것이다.

쓰리 스텝 테이크 오프(치킨윙) 과정

투 스텝 테이크 오프

투 스텝
테이크 오프

　투 스텝의 경우에는 쓰리 스텝 테이크 오프 방법 중에서 두 번째 단계가 생략된다. 투 스텝 테이크 오프와 쓰리 스텝 테이크 오프 모두 푸시 동작까지는 동일하다. 푸시 이후 발을 당겨올 때 쓰리 스텝 테이크 오프는 양발을 하나씩 하나씩 딛지만, 투 스텝 테이크 오프에서는 상체를 들어 올리면서 양발을 동시에 내디뎌야 한다. 푸시 상태에서 코어에 힘을 주어 정수리를 끌어올리는 느낌으로 들어 상체를 들어 올리고, 앞발을 양손 가운데까지 끌어당긴다. 그다음 자연스럽게 뒷발이 디뎌진다. 투 스텝 동작은 빠르게 진행하면 순간적으로 보드 위에 뛰어 오르는 모양새이기 때문에 '팝업(Pop up)'이라고도 부른다.

　투 스텝으로 발을 당겨올 때도 마찬가지로 발의 간격은 어깨너비로 유지하고 두 발을 딛는 동시에 몸을 일으키고, 손을 앞으로 뻗으며, 시선은 정면을 유지한다.

　개인의 신체 능력에 따라 투 스텝 테이크 오프가 어려운 사람들도 있다. 그러므로 각자에게 맞는 방법을 선택해서 연습하되, 반복 훈련을 통해 각각의 동작들이 자연스럽게 연결되도록 하자.

　특히 투 스텝에서 발을 당겨올 때 발을 쿵 하고 내려놓으면 보드가 흔들리게 된다. 그러므로 몸의 근육들을 사용하여 동작을 부드럽게 연결하는 연습이 필요하다.

물에 들어가면 물 밖에서 연습한 만큼의 자세가 나오지 않는다. 그렇기 때문에 지상에서 서핑 기술을 훈련할 때는 훨씬 과감하게 동작을 취하는 것이 좋다. 테이크 오프를 연습한다면 팔은 앞으로 멀리 뻗고, 상체는 꼿꼿하게 세운 상태에서 뒷무릎이 보드에 닿을 정도로 무릎을 낮춰보자.

93

투 스텝 테이크 오프(팝업) 과정

테이크 오프 할 때 초보들이 가장 많이 하는 실수

테이크 오프는 라이딩의 50% 이상을 결정하는 중요한 동작이다. 그렇기 때문에 습관이 들기 전에 정확한 동작으로 훈련해야 한다.

특히 처음 서핑을 배울 때는 정신없이 밀려오는 파도, 짠맛 나는 바닷물, 눈 위로 흘러내리는 미역 같은 머리카락 등 신경 써야 할 게 많다 보니 테이크 오프에 써야 할 집중력이 흐트러지기 마련이다.

강습을 진행하다 보면 테이크 오프에 실패하는 입문자들이 공통으로 저지르는 실수들이 있다. 테이크 오프에 계속 실패한다면 다음 실수 리스트를 점검해 보자.

첫 번째, 시선은 정면을 보고 있는가?

테이크 오프의 모든 동작에서는 턱을 들어 정면을 봐야 한다. 시선의 중요성은 백번을 말해도 부족함이 없다. 시선이 가려는 방향을 향하고 있어야 어깨와 골반이 따라가며, 보드도 같은 방향으로 나아가게 된다.

처음 테이크 오프를 할 때는 발의 위치와 모양이 신경 쓰여 고개를 숙이고 발 모양을 확인하며 일어서는 경우가 많다. 그렇게 되면 엉덩이가 들리고 머리 쪽으로 무게가 실리면서 보드의 노즈가 잠기게 되고, 앞으로 고꾸라지는 상황이 발생한다.

시선이 자꾸 떨어진다면 해변에 위치한 전봇대, 시계탑, 화장실, 건물의 지붕과 같은 지형지물을 보거나 해변에서 나를 보고 있는 가족, 친구들을 정해놓고 바라보며 일어서는 연습을 하자.

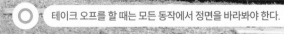 테이크 오프를 할 때 시선이 바닥으로 떨어져서는 안 된다.

테이크 오프를 할 때는 모든 동작에서 정면을 바라봐야 한다.

두 번째, 푸시 동작을 할 때 양손은 가슴 옆을 짚었는가?

푸시를 할 때는 양손바닥을 최대한 가슴 옆에 붙인다. 더 당길 수 있다면 허리 쪽으로 내려 짚어도 좋다. 손을 내려 짚을수록 상체를 더 많이 들어 올릴 수 있기 때문에 그만큼 시야가 확보되며, 푸시 상태에서 발을 정확한 위치로 당겨오기가 쉬워진다. 서핑의 고수들은 양손을 최대한 허리 가까이 짚기 위해 손가락이 발 쪽을 향하도록 손목을 뒤집기까지 한다.

양손이 가슴보다 머리에 가까워질 경우의 연쇄 작용을 살펴보자. 상체를 들어 올릴 수 있는 범위가 좁아진다. ⇒ 발을 당겨오기가 어렵다. ⇒ 기어가듯이 무릎을 꿇고 일어난다. ⇒ 한쪽 무릎을 꿇는 순간 균형이 무너지며 보드가 흔들린다. ⇒ 보드가 흔들리니 일어나기가 무서워 보드에서 손을 뗄 수 없다.

이처럼 손 위치의 나비 효과는 굉장하다. 첫 입문 강습을 할 때는 파도가 올 때 강사가 서프보드를 밀어 속도가 나기 시작하면 강습생이 테이크 오프를 시도한다. 내가 강습을 할 때 만약 강습생의 손 위치가 정확하지 않다면, 패들을 생략하게 한 다음 올바른 손 위치에서 푸시 동작을 한 상태로 보드를 밀어준다. 이렇게 하면 테이크 오프 성공률이 올라간다. 패들을 하다가 푸시로 연결되는 순간, 마음이 급하거나 집중력이 떨어져 손을 아무 데나 짚어버리는 경우가 많기 때문이다.

테이크 오프의 동작들이 자연스럽게 연결되지 않으면 보드의 균형이 무너지고, 보드 위에 일어서기도 전에 파도가 무너질 수 있다. 그러므로 손을 올바른 위치에 짚어서 테이크 오프의 과정을 정확하고 간결하게 만들도록 하자.

✕ 푸시 동작을 할 때 손이 가슴보다 앞으로 나가면 상체를 세우기 어렵다.

◎ 푸시 동작을 할 때 손의 위치는 가슴 양옆에 둔다.

세 번째, 레일을 잡고 있지는 않는가?

푸시를 할 때 보드의 양옆 레일을 잡게 되면 무릎과 엉덩이가 떨어지고 나서도 레일을 쥔 손은 떨어지지 않는다. 레일을 쥐는 순간 손에 무게를 너무 많이 싣는 상태가 되어, 숙련되지 않은 사람에게는 무게중심을 옮기는 것이 어렵기 때문이다. 레일을 잡기 시작하면 이후 오랫동안 습관으로 남을 수 있으니 절대 레일을 잡지 않도록 하자.

❌ 푸시 동작을 할 때 레일을 잡지 않도록 해야 한다.

숙련된 서퍼들은 상체를 더 들어올리기 위해 손목을 뒤집어 푸시를 하기도 한다.

네 번째, 보드에서 일어섰을 때 양발을 어깨너비로 벌렸는가?

100

두 발이 너무 서로 가깝게 붙어 있으면 중심 잡기가 어렵기 마련이다. 무사히 보드 위에 일어섰다고 하더라도 발이 좁으면 금방 균형을 잃고 물에 빠질 수 있다. 반대로 두 발의 간격이 너무 넓다면, 원하는 발에 힘을 주기가 어렵고 상체를 회전하는 데 방해가 된다. 처음 테이크 오프를 배울 때는 두 발을 어깨너비 간격으로 벌려서 속도와 물의 출렁거림에도 균형이 무너지지 않는 정도로 안정적인 자세를 취하도록 하자. 만약 테이크 오프 이후에 발의 위치가 너무 좁거나 넓은 것을 느꼈다면, 일어선 자세에서 발의 위치를 살짝 옮겨서 너비를 맞추면 된다.

하지만 처음 일어났을 때 정확한 위치에 발이 닿는 것이 가장 이상적이다. 그렇기 때문에 물에서 테이크 오프를 하기 전에 해변이나 지상에서 충분히 연습을 하면서 발의 간격과 위치를 확인하도록 하자.

테이크 오프 후 발 간격은 어깨너비만큼 벌려준다.

다섯 번째, 보드 위에 놓인 발 위치가 한쪽으로 치우치지 않았는가?

발을 딛을 때 푸시 동작에서 탑을 짚고 있는 양손 가운데 앞발이 놓인다고 생각해야 한다. 만약 일어섰을 때 앞발 또는 뒷발이 보드의 중앙이 아닌 한쪽 레일에 가깝게 치우쳐 있다면 보드는 기울어지고 중심을 잃게 될 것이다. 왼쪽 레일에 가깝게 발이 놓여있다면 왼쪽 레일이 물에 잠기고, 오른쪽 레일에 가깝게 발이 놓여있다면 오른쪽 레일이 잠기게 된다.

발의 위치가 아래 사진처럼 되지 않도록 신경 써야 한다.

❌ 한쪽 레일로 치우친 발

❌ 레일 양쪽으로 벌어진 발

정면을 보는 발

정면을 보고 가운데로 모아진 발

여섯 번째, 보드 위에 일어섰을 때 허리를 숙이고 있지는 않은가?

보드 위에 섰을 때 안정감을 위해 자세를 낮춰야
하지만 상체를 숙이는 방법은 좋지 않다. 허리를 굽
히게 되면 시선은 땅에 떨어지고 상체를 회전시킬
수 없어 이후의 동작들이 어려워진다. 보드 위에 서
서 양발을 어깨너비로 정확하게 위치시켰다면 발가

테이크 오프 할 때
초보들이 가장 많이
하는 실수

락이 살짝 노즈 방향으로 향하도록 한 다음 무릎을 가볍게 굽혀 반동을 줄 수 있게 하고 상체는 세워 정면을 바라보며 라이딩을 해보자.

　테이크 오프는 누구에게나 처음에는 쉽지 않은 동작이다. 물에 들어가기 전에 지상에서 충분한 연습이 필요하다. 지상에서 반복적인 훈련을 하여 동작마다 시선, 각도, 너비 등이 자연스럽게 몸에 배어야 한다. 지상에서 자세가 완벽하더라도 물에 들어가면 여러 가지 변수들이 발생하여 자세가 흐트러질 수 있다.

　숙련된 서퍼들도 파도의 상황에 따라 다양한 테이크 오프를 구사해야 하므로 꾸준히 지상에서 테이크 오프 연습을 한다. 골퍼들이 비 오는 날 지하철을 기다리며 우산을 휘두르듯이, 엎드릴 수 있는 공간이 있다면 테이크 오프 연습을 하며 몸에 익히자.

5 ｜ 라이딩

　드디어 파도를 타는 순간이다. **파도 위를 미끄러져 나가는 것을 '라이딩(Riding)'이라고 한다.** 사실 푸시 동작만으로도 파도의 힘에 미끄러져 나가며 파도를 탈 수 있지만, 누구도 코브라 자세로 파도를 타는 것을 기대하고 서핑을 시작하지는 않았을 것이다. 테이크 오프가 완료되는 순간에 발을 올바른 위치에 두었다면, 라이딩의 절반은 성공했다고 봐도 좋다. 그만큼 정확한 테이크 오프는 정확한 라이딩에 큰 영향을 미친다.

손을 앞으로 뻗기

보드 위에 일어섰다면 계속해서 시선을 정면으로 유지하고, 어깨를 틀어 정면을 향하게 하고 양손을 앞으로 뻗어야 한다. 한 손이라도 뒤로 빠질 경우에는 무게중심이 정확하게 앞으로 실리기 어렵기 때문에 양손을 앞으로 향하게 하는 것이 중요하다.

아기가 걸음마를 시작할 때 엄마를 향해 손을 뻗고 걸어가는 모습을 상상해 보자. 엄마를 향해 가겠다는 강한 의지가 느껴지지 않는가? 우리도 앞으로 가고자 하는 강한 의지를 갖고, 아기처럼 손을 뻗어야 한다.

발 위치 조절하기

발의 위치를 어디에 놓는지에 따라 안정감과 속도를 조절하는 데 상당히 큰 차이가 난다. 테이크 오프와 함께 정확한 위치에 발을 딛는 것이 가장 이상적이지만, 앞서 테이크 오프에서 초보자들이 많이 하는 실수를 언급했듯 경험이 많지 않다면 조금 어려울 수 있다.

보드 위에 일어선 다음 발 간격을 체크하고 위치가 정확하지 않다면 발을 조금씩 움직여 보자. 양발이 너무 테일 쪽으로 쏠려있으면 테일은 눌리고 노즈가 들리게 되면서 속도를 내기가 어려워진다. 반대로 양발이 너무 노즈 쪽으로 쏠려있으면 속도를 늦추기가 어려우며, 보드가 노즈 쪽으로 가라앉을 위험이 있다. 또 양발이 보드의 중앙을 벗어나 레일 쪽으로 치우치면 발이 치우친 쪽으로 보드가 기울어지면서 물에 빠지게 된다.

올바른 라이딩 자세

106

보드의 앞발은 보드의 중심 가까이에, 뒷발은 앞발과 어깨너비 정도를 디뎌 안정적이면서도 무게중심을 옮기기 쉬운 자세로 만들어야 한다. 안정감을 위해 다리를 과하게 벌리면 보기에 멋지지 않을 뿐더러 무게중심을 옮기기가 어렵다. 발 간격을 맞추는 것은 상당히 찰나의 순간에 조심스럽게 이루어져야 한다. 발을 너무 느리게 옮기거나 쾅쾅 세게 옮기면 보드가 흔들리면서 중심을 잃게 된다. 발을 원하는 위치로 옮길 때는 살살 가볍게 바닥에 비비듯이 옮겨보자.

앞발에 체중 싣기

앞으로 손을 뻗었다면 좀 더 속력을 내기 위해 앞발에 힘을 주도록 하자. 보드의 앞쪽으로 힘을 실어 주면 액셀러레이터를 밟듯이 속도가 빨라지고, 뒷발에 힘을 주면 브레이크를 밟듯이 속도가 줄어든다. 뒷발에 힘을 주게 되면 힘들게 잡은 파도에 브레이크를 걸어 보드의 속도가 느려지고, 결국에는 파도 뒤로 넘어가게 된다.

의식적으로 앞발에 체중을 실어 발바닥까지 무게가 전달되도록 해보자. 초보의 경우 보드가 앞으로 나아가는 속도에 겁을 먹고 엉덩이와 뒷발에 체중을 싣는 경우가 많다. 그렇기 때문에 더욱 의식해서 앞발에 체중을 실어야 한다.

무릎 살짝 구부리기

콘크리트에서 스케이트를 타기 전에 스케이터들은 바닥에 작은 돌맹이들을 빗자루로 쓸어낸다. 아이스링크에서 스케이팅을 할 때도 얼음이 녹아 바닥의 표면에 요철이 생기면, 다시 바닥이 반질반질해지도록 빙질을 관리한다. 속도를 내며 달리다가 예상치 못한 장애물을 만나게 되면, 그 크기와 상관없이 충격이 커지고 균형이 무너지면서 예측했던 다음 동작이 어려워지기 때문이다.

파도는 보란 듯이 계속 변화하며 주구장창 출렁거린다. 움직이는 바닥에 튕겨 올랐다 떨어지는 충격을 흡수하고 빠르게 반응하기 위해서는 무릎을 살짝 구부려야 한다. 훌륭한 서스펜션을 갖춘 차를 탔을 때 안정적인 승차감을 느낄 수 있듯이, 무릎을 구부려 자체 서스펜션을 장착하면 훨씬 안정적인 라이딩을 할 수 있다.

 발 위치를 조절하면서 뒷발을 노즈를 향해 살짝 틀어주면 무릎을 구부렸을 때 안정감을 얻는 동시에, 체중이 앞으로 실리면서 속도를 더 낼 수 있다.

6 | 라이딩 마치기

나와 타인의 안전을 위해 라이딩을 마무리할 때는 속도를 줄여 보드 위에 앉거나 보드를 잡으면서 물에 빠져야 한다.

보드에서 떨어질 때는 양손으로 보드의 데크나 레일을 잡는 것이 가장

좋다. 물속에 머리가 잠겨 있더라도 보드의 위치를 파악할 수 있어 내 보드
에 내가 부딪혀 다칠 확률이 줄어든다.

어쩔 수 없이 뛰어내려야 하는 상황이라면 보드의 노즈가 아닌 레일의
양옆으로 뛰어내리는 것이 좋다. 물에 빠질 때는 복서(Boxer)가 된 것처럼
항상 양팔로 머리를 가드 해야 한다. 그리고 물속에서 3초 정도 머무른 이
후에 수면 위로 올라오도록 한다. 물 위로 급하게 나오다가는 공중으로 날
았던 보드가 수면으로 떨어지면서 머리에 맞아 다칠 수도 있다. 수면 위로
나왔을 때는 보드의 위치를 빠르게 확인하고, 파도와 나 사이에 보드가 있
지 않도록 주의한다. 재빠르게 보드를 잡아 보드가 날아오거나, 다른 사람
에게 날아가거나, 파도에 끌려가지 않도록 한다.

해변 가까운 곳까지 라이딩을 했다면 속도를 줄여 보드 위에 앉는 것이
좋다. 아까 뒷발에 힘을 주면 브레이크가 걸리면서 속도가 줄어든다고 했
던 것이 기억나는가? 뒷발을 지그시 눌러 속도를 줄인 다음 천천히 무릎을
접어 양손으로 데크를 짚거나 레일을 잡고 보드 위에 앉으면서 라이딩을
마무리하면 된다.

해변에 가까워졌다고 해서 신나게 발부터 뛰어내려서는 안 된다. 과감하
게 뛰어내렸는데 예상보다 수심이 얕을 경우, 뼈나 근육에 충격이 가면서
발목을 접질리는 부상으로 이어질 수 있다. 의도치 않게 물에 빠질 때는 항
상 엉덩이나 등과 같이 넓은 부위로 빠지는 습관을 들이도록 하자.

자연과 장비 앞에 겸손하기
안전 수칙

　　　　　서핑은 물에 들어가는 행위이기 때문에 사소한 부상도 서핑 자체를 못 하게 만드는 원인이 된다. 얼마나 오래 기다린 파도인데, 어떻게 찾아간 파도인데, 부상과 사고로 인해 파도를 못 타게 된다면 얼마나 아쉽겠는가. 앞으로 또 얼마나 더 기다려야 좋은 파도가 올 것인지 알 수가 없어 서퍼들은 작은 부상에도 크게 상심한다. 모처럼 찾아온 파도에서 신나게 서핑을 하는 버디들을 바라만 보고 있어야 하는 상황은 부상보다 더 고통스럽다.

　시시각각 변화하는 자연 앞에 자만하거나 잠깐의 방심으로 큰 사고가 발생한다. 이러한 사고는 종종 다시는 서핑을 할 수 없을 만큼 큰 트라우마로 남기도 한다. 그렇기 때문에 서핑을 하기 전에는 반드시 안전 수칙을 익혀 사고와 부상을 최소화하는 것이 중요하다.

　서핑을 하다가 위험한 상황이 발생하는 요인으로는 크게 '장비와 사람에 부딪혀서', '자연의 힘에 휩쓸려서', '해양 생물의 공격을 받아서' 이렇게 세 가지 경우가 있다.

1 ｜ 장비와 사람에 부딪혀서 다치는 경우

　서핑을 하다보면 내 보드에 부딪히거나 타인의 보드에 부딪히는 바람에 부상을 당하는 경우가 정말 많다. 일반적으로 초보자들이 처음 강습받을 때는 길이 3미터, 무게 7~8킬로그램 정도의 서프보드를 사용한다. 힘과 요령이 없다면 이 길고 거대한 장비를 들고 해변까지 가는 것만으로도 굉장히 힘들게 느껴질 것이다.

서프보드가 바다 위에 뜨는 순간 출렁이는 물결과 밀려오는 파도에 제멋대로 움직이기 시작하게 되는데, 자아를 얻은 서프보드의 덩실거림에 입문자들은 몹시 당황할 수 있다. 보드를 제대로 간수하지 못해 파도에 휩쓸리도록 방치하게 되면, 서프보드의 거대한 질량은 파도를 만나 속도를 얻으면서 강력한 무기로 변신한다.

서프보드를 안전하면서 효율적으로 다루는 방법을 익혀 사고를 방지하고 체력을 아낄 수 있도록 하자.

물에 빠졌을 때는 머리부터 보호

물에 빠질 때는 항상 양손으로 머리를 가드하고 물속에 잠시 머물렀다가 수면 위로 나와야 한다. 물에 빠지고 나면 몸이 물 위로 떠오르기 전까지 물 밖의 보드가 어떤 상태인지 알 수 없다. 서프보드는 부력이 크기 때문에 물에 잠기면 반발력으로 높게 튀어 오른다. 탱탱볼을 수영장 물속으로 꾹 눌러 가라앉혔다가 힘을 풀면 위로 높게 솟아오르는 것과 같은 원리이다.

특히 초보들의 경우 노즈부터 물속으로 빠지는 실수를 많이 하는데, 그렇게 되면 서프보드가 12시 방향을 가리키며 하늘로 팽팽하게 발사된다. 그리고 나면 서프보드와 연결되어 있는 리쉬코드의 탄성 때문에 멀리 날아가 팽팽해진 만큼 더 빠른 속도로 다시 나에게 돌아오고, 때마침 물 밖으로 올라온 머리를 가격하게 된다.

물에 빠졌을 경우에는 보드가 날아올랐다가 착지할 정도의 시간을 기다

물에 빠졌을 때
수면 위로 바로 올라오는 것은 위험하다.

린 다음, 계속해서 머리를 가드한 상태에서 물 밖으로 나와야 한다. 그리고 물 밖으로 나왔다면, 뒤에 밀려오는 파도에 보드가 나뒹굴어 나와 타인을 공격하지 않도록 정신을 차리고 재빠르게 보드를 잡도록 하자.

114

속도를 얻으면 날카로운 칼로 변신하는 핀

서프보드의 테일 바텀에는 배의 방향키 역할을 하는 핀이 달려 있다. 물 밖에서야 핀을 손으로 잡는 것이 그다지 위험하지 않을 수도 있다. 하지만 서핑을 하는 동안 피부가 물에 불어 있는 상태에서 빠른 속도로 달려오는 보드에 부착되어 있는 핀에 부딪히는 것은 굉장히 위험하다.

핀은 칼만큼 날카롭지는 않지만 물의 저항을 최소화하기 위해 모서리가 꽤 날렵하게 디자인되어 있다. 그렇기 때문에 강하게 내려 찍히면 큰 부상을 당한다. 핀에 다쳐 생기는 상처를 서퍼들은 '핀빵'이라고 부른다. 나 역시도 서프보드와 함께 파도에 데굴데굴 구르다가 핀에 뒤꿈치를 베어서 봉합하고 꽤 오래 서핑을 쉰 적도 있다. 그리고 물에 빠질 때 핀 위로 떨어져서 약간의 골절을 입은 적도 있었으며, 다른 사람의 핀에 부딪혀 서핑슈트가 찢어진 적도 있다. 슈트를 입고 있지 않았다면 정말 끔찍한 부상을 입었을 것이다.

핀에 세게 부딪히면 살이 찢어지는 창상을 입을 확률이 높고, 서핑을 당분간 중단해야 할 수도 있다. 그렇기 때문에 핀을 손으로 잡거나 발로 건드리는 습관을 최소화하고, 항상 보드에는 핀이 있다는 사실을 잊지 않고 주의하도록 하자.

타인의 보드에 부딪힐 것 같은 위급 상황이 생기면 보드에서 내려 물 안으로 숨거나 보드로 몸을 막는 것이 좋다. 보드가 망가지는 것이 몸을 다치는 것보다 낫다.

115

2 │ 자연에 의해 발생할 수 있는 사고

보드를 잘 간수하더라도 때로는 바위에 부딪히거나, 멀리 떠내려가거나, 해양 생물에게 공격을 당해 사고가 발생할 수 있다. 그렇기 때문에 서퍼들은 항상 바다에 들어가기 전, 바다의 상태를 점검해야 한다. 낯선 바다에 들어가야 한다면 그 지역에서 먼저 서핑을 해본 사람이나 그 지역에서 주로 서핑하는 로컬 서퍼와 동행하는 것이 가장 좋다. 동행이 불가능한 경우 주변의 서프샵이나 로컬 서퍼에게 반드시 미리 주의 사항을 얻도록 하자. 낯선 바다에 입수하기 전에는 다음의 정보들을 파악해야 한다.

바닥에 위험 지형이 있는지 살피기

국내에서 서핑을 하는 대부분의 해변은 모래사장으로 되어 있어 발을 딛거나 물에 빠질 때 안전한 편이다. 하지만 종종 모래 안에 돌이 숨어 있거나 바위가 덩그러니 삐죽 솟아 있는 경우가 있으므로 사전에 위치를 파악해 가까이 가지 않도록 해야 한다.

특히 물속에 있는 바위에는 따개비나 홍합과 같은 날카로운 조개들이 붙어 있어, 살짝만 부딪혀도 창상 또는 찰과상을 입을 수 있다. 이러한 돌들은 물이 빠졌을 때(썰물)는 잘 보여서 주의를 기울일 수 있지만, 물이 차면(밀물) 물속에 잠겨 보이지 않으므로 방심하게 된다.

116

또한 해저 지형은 수시로 변하므로, 작년까지 모랫바닥이었던 곳이 올해는 돌밭으로 바뀌었을 수도 있다. 그렇기 때문에 이러한 위험 지형의 위치는 수시로 파악해두는 것이 정말 중요하다. 추가로 물에 빠졌을 때 발을 바닥에 딛지 않는 습관을 들이면 발에 부상을 당하는 위험을 줄일 수 있다.

서핑이 어느 정도 익숙해진다면 해저에 모래가 아닌 자갈, 암반, 산호초로 구성되어 맨발로는 딛기 어려운 지형에 가게 될 것이다. 굳이 거기를 왜 가는지 궁금한가? 모래보다 단단한 요소로 바닥이 이루어진 곳은 해저 지형이 쉽게 변하지 않아 일정한 형태의 파도가 들어오기 때문이다. 서퍼들은 파도만 좋으면 돌밭을 뛰어들어가고, 날카로운 산호초와 따개비마저 즈려 밟으며 바다에 들어간다. 이런 곳에서는 더욱 물에 빠졌을 때 발을 딛지 않도록 신경쓰자.

날씨가 춥지 않다면 대개는 맨발로 서핑을 즐기기 때문에, 해변을 걷다가 부서진 조개껍질, 나뭇가지, 유리 조각 등에 발을 다치기도 한다. 호주에서 서핑할 때는 모래사장이 워낙 깨끗해서 이런 걱정을 할 필요가 없었는데, 한국의 해변에서는 안타깝게도 예상치 못한 것들을 많이 마주치게 된다. 특히 연휴나 주말이 지나고 나면 해변에는 불꽃놀이의 흔적, 술병, 각종 쓰레기들이 발을 위협한다. 서핑을 하기도 전에 발을 다치는 것만큼 황당하고 억울한 일도 없을 것이다. 물 밖에 나오더라도 항상 바닥을 잘 살펴 걷도록 하자.

바다로 안전하게 들어오고 나가는 방법 (feat.이안류)

해변으로 밀려온 물은 다시 바다로 빠져나가는데, 바다로 나가는 물의 흐름이 '이안류'이다. 스키장에 가면 슬로프까지 리프트를 타고 이동하듯이 바다에도 리프트와 비슷하게 라인업까지 서퍼들을 빠르게 이동시켜 주는 이안류가 있다.

피서철 해수욕장에서 이안류에 떠내려가는 피서객에 관한 뉴스를 본 적이 있을 것이다. 이안류는 그 흐름을 모르고 당하면 공포의 대상이지만, 잘 이해한다면 서퍼들에게는 아주 유용하다.

먼바다에서 밀려온 파도는 지형이 얕아지면서 깨지게 된다. 이안류는 주변에 비해 상대적으로 수심이 깊은 바닥의 골을 따라 빠져나간다. **이안류를 따라 라인업을 하면 파도가 잘 깨지지 않고, 라인업으로 자연스럽게 흘러가기 때문에 시간과 힘을 아낄 수 있다.**

파도가 작은 날이라면 어디로 들어가도 크게 힘들지 않겠지만, 파도가 커질수록 이안류가 흐르는 길을 파악하고 나가는 것이 현명하며 안전하다. 서핑에 익숙해지면 파도를 관찰하여 이안류의 위치를 파악해서 라인업까지 쉽게 나가는 길을 알 수 있다. 기다란 해안선 중간중간 파도가 들어오지 않는 부분이 있다면 그곳에 이안류가 있을 확률이 높다.

방심하는 사이 이안류를 타고 먼바다로 떠내려갈 수도 있다. 이안류에 맞서 떠내려가지 않으려고 막무가내로 해변을 향해 패들을 하면, 체력이 바닥나서 더 멀리 떠내려가게 될 것이다. 점점 멀어지는 육지를 바라보며 당황하게 되면 침착한 판단이 어려워지므로 사전에 **이안류에서 빠져나오는 방법**을 잘 익혀 두어야 한다.

　해안에서 나가는 물의 흐름(이안류)이 있다면 들어오는 물의 흐름도 분명 있다. 이안류에 떠내려갔을 때는 해변과 수평 방향으로 패들을 하여 이

이안류에서
빠져나오는 방법

안류에서 벗어나 파도가 깨지는 곳, 화이트 워시를 찾아가야 한다. 그다음 더 이상 먼바다로 밀려 나지 않는 곳까지 갔다면 물이 해변으로 들어가는 길 위에 있을 확률이 높다. 그때 해변을 향해 패들을 하거나 파도가 부서진 다음 생기는 거품을 타고 해변으로 밀려 나와야 한다.

　방파제가 설치된 곳에서 서핑을 하게 된다면, 대개 방파제 옆에 이안류가 흐르고 있으므로 방파제에 붙어 라인업을 하면 된다. 하지만 파도가 큰 날에는 방파제로 끌어당기는 힘도 커지면서 구조물에 부딪힐 위험이 있다. 종종 방파제 구조물(테트라포드) 안으로 빨려 들어가 구조대가 출동해야 하는 사고가 발생하므로, 항상 방파제와는 거리를 잘 유지해서 입수하도록 하자.

　가끔은 들어가는 곳과 나오는 곳이 다른 해변도 있다. 아니면 서핑 중에 원하지 않게 떠내려가서 의도치 않게 입수했던 위치와 다른 곳으로 나와야 하는 경우도 있다. 그렇기 때문에 라인업을 하기 전에 미리 물 밖으로 나오는 위치와 요령도 파악해야 한다.

이안류에서 빠져나오는 방법

해변과 수평 방향으로 패들을 하여 이안류가 흐르지 않는 곳까지
이동한 다음 해변을 향해 패들한다.

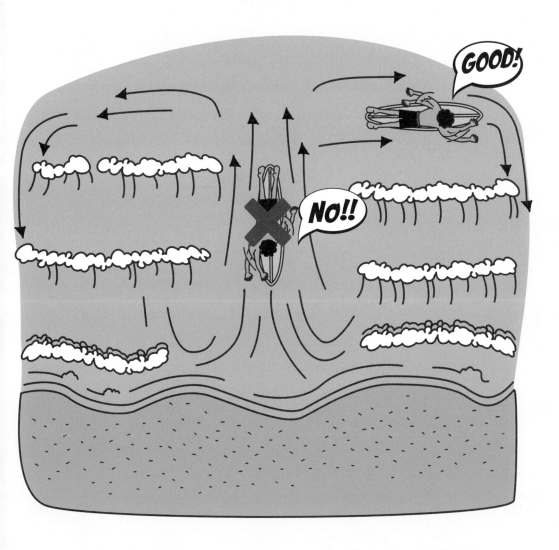

망망대해에서도 나의 위치를 알 수 있는 방법

해저 지형으로 인해 강렬한 조류가 흐르거나 그날의 기상 상황에 따라 갑자기 조류가 발생하기도 한다. 그렇기 때문에 조류에 떠내려갔다고 당황하지 말고, 입수 전에 물이 어떻게 흐르는지 미리 확인하는 습관을 들여야 한다. 물의 흐름을 구분하기 어렵다면 물에 들어가기 전에 해변에 서서 물 위에 떠 있는 서퍼들이 어느 방향으로 흘러가는지 관찰하자.

조류가 흐르는 바다에서 멀리 떠내려가지 않기 위해서는 나의 위치를 파악하는 방법을 익혀야 한다. 먼저 라인업에 떠서 해변을 바라보고 하나의 지형지물을 선택한다. 그다음 해변에서 바다로 튀어나온 지형 위에 있는 지물을 하나 더 선택하면 위치는 좀 더 정확해진다.

예를 들어 해변에 있는 시계탑을 선택한다. 그다음 방파제 위에 있는 등대를 하나 선택한다. 이렇게 기준을 설정해 두면, 내가 가만히 있는데도 시계탑보다 좌측이나 우측으로 벗어났을 때 등대보다 해변과 가깝거나 멀어졌을 때 조류가 흐른다는 것을 알 수 있다. 특히 등대보다 먼바다 방향으로 계속 떠내려간다면 나중에 해변으로 돌아오기 힘들어지므로, 먼바다로 떠내려가지 않도록 해변을 향해 패들을 하며 라인업 위치를 조정한다.

해변의 지형지물 중에서 두 개를 기준으로 삼으면 현재 나의 위치를 보다 정확하게 파악할 수 있다. 하나의 지형지물을 설정했을 때는 보는 각도에 따라 떠내려간 건지 아닌지 헷갈릴 수 있다. 그렇기 때문에 '시계탑과 화장실 건물 사이'처럼 두 개의 지점을 설정하여 기준으로 삼는 것이 바람직하다.

　　조류의 흐름을 확인하기 위해서도 지형지물을 활용하여 위치를 선정하지만, 파도가 좋은 지점을 해변 밖에서 확인하고 들어갈 때도 지형지물을 확인한다.

　　같은 지점에서 파도가 깨지는 포인트 브레이크가 아니라면 같은 해변이어도 날마다 파도가 좋게 들어오는 지점이 변하기 때문에, 그날그날 파도가 잘 들어오는 위치를 확인하여 그 지점에서 파도를 기다렸다 잡는 것이

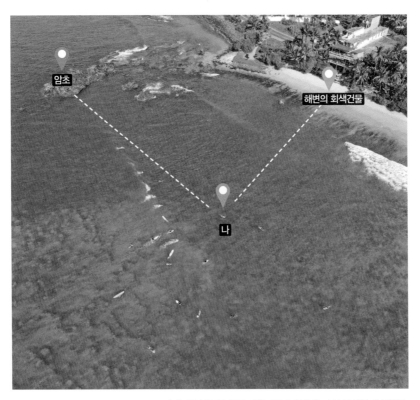

시계, 화장실, 등대 등 지형지물을 이용해 나의 위치를 파악한다.

서핑에 유리하다. 입수 전에 파도를 확인했을 때 '오늘은 주차장 앞이 좋군.', '편의점 앞에 파도가 자주 들어오는군.'과 같은 식으로 파도가 좋은 위치를 미리 점찍어 두면, 입수 후에 그 지점을 찾아가서 좋은 파도를 기다리면 되는 것이다.

122

　이것을 미리 확인하지 않으면 파도가 오지도 않는 곳에서 둥둥 떠서 다른 서퍼들이 타는 파도를 구경만 하게 될 수도 있다. 여러모로 유용한 나의 위치 측정 방법, 반드시 명심하도록 하자!

공포의 쇼어 브레이크

　바다에 들어갈 때뿐만 아니라 물 밖으로 나올 때도 항상 주의해야 한다. 긴장을 풀고 물 밖으로 나오다가 해변 가까이에서 크고 강하게 부서지는 파도인 쇼어 브레이크(Shore break)에 넘어지거나 보드를 놓쳐 부상을 당하는 경우가 정말 많다. 지형에 따라, 물때에 따라, 그날의 파도 상황에 따라 쇼어 브레이크의 세기는 달라진다. 파도가 있어 서핑을 즐길 수 있는 날이라면 보통 해변까지 강한 힘의 파도가 들어오기 마련이다. 그러므로 서핑을 하러 물에 들어갈 때나 서핑을 마치고 나올 때는 쇼어 브레이크에 패대기쳐지지 않도록 신중해야 한다.

　쇼어 브레이크를 떠올리면 생각나는 에피소드가 있다. 발리 서핑 캠프에서 강습을 받던 때였는데, 하루는 강습생 중 한 명이 쇼어 브레이크에서 자신의 보드에 맞아 앞니가 부러지고 피가 나고 있었다. 마침 옆에 있던 캠프생이 의사여서 "저는 의사입니다. 제가 봐 드릴게요."라며 다가갔는데, 다친 분이 앞니를 손으로 가리며 "저도 치과의사예요. 괜찮습니다."라고 말해 서로 멋쩍어했다는 이야기! 하하.

    쇼어 브레이크 사고는 초보가 아니어도 정말 빈번하게 발생하기 때문에 항상 주의해야 한다. 쇼어 브레이크에 당하지 않는 요령은 **파도를 잘 관찰하는 것이다.** 물에 들어갈 때는 파도가 잠잠해지기를 기다렸다가, 잠잠해진 순간에 서둘러 파도가 깨지지 않는 곳까지 들어가야 한다. 물에서 나올 때는 해변 가까이에서 수시로 고개를 돌려 파도가 오는지를 확인하자. 쇼어 브레이크가 부서지기 직전에 보드에서 내려 몸을 물에 담그고 보드를 잡는다. 파도가 적당히 밀려온다면 그 파도에 살살 몸을 맡겨 밀려 나가면서 발이

쇼어 브레이크

닿는 곳까지 간다. 발이 닿았다면 파도에 보드가 딸려 올라가지 않도록 보드를 수면으로부터 들어 올린다. 보드는 물 위에 내버려두고 몸만 일으켰다가는 뒤에 오는 파도가 보드를 끌어 올려 나에게 집어던지게 되거나 빠져나가는 물에 보드가 딸려 갈 것이다. 계속해서 파도가 오지 않는지 고개를 돌려 확인하며 해변으로 서둘러 걸어 나와야 한다. 쇼어 브레이크가 너무 강하다면 부서지는 위치 직전에 보드에서 내려와 기다리다가 파도가 잠잠해지는 순간, 재빠르게 해변으로 나오도록 하자.

쇼어 브레이크
뚫고 라인업하기

쇼어 브레이크에서
안전하게 벗어나기

입수 금지의 상황들

기상 예보에 따라 바다에 들어갈 수 없는 경우가 있다 수상레저안전법 제22조 1항에 따르면 태풍 · 풍랑 · 폭풍 해일 · 호우 · 대설 · 강풍과 관련된 기상특보가 발효된 경우에는 입수가 금지된다. 기상청 홈페이지에 접속하면 해당 지역에 어떠한 기상특보가 언제부터 언제까지 발효되었는지 확인할 수 있다.

가끔은 이러한 기상특보의 상황에서 숙련된 서퍼들에게 서핑하기 좋은 최적의 파도가 들어오기도 한다. 먹지 못하는 떡을 바라보며 해변에서 입맛만 다시던 1세대 서퍼들의 노력과, 국내 서핑 인구의 증가 및 서핑 문화와 산업의 발전으로 관련 제도들이 개선됨에 따라 현재는 기상특보 중에도 서류만 제출하면 서핑이 가능하다. 풍랑·호우·대설·강풍 주의보가 발효된 구역에서는 온라인으로 관할 해경에 수상레저 활동 신고를 하고 입수하면 된다. 만약 신고 후 사고 등으로 연락 두절이 되면 해양경찰들이 사전 신고내용을 바탕으로 빠른 출동을 해야 하므로 반드시 출항신고 후에 물에 들어가고, 물 밖으로 나온 후에도 입항신고를 해야 한다.

　서류를 제출하고 입수가 가능한 상황이라고 해도 본인의 실력에 버거운 파도에는 들어가지 않는 것이 좋다. 파도를 보고 입수를 할지 말지 결정하는 것은 개인의 선택이며, 그 후 발생하는 사고에 대해서는 국가의 책임도, 당신을 말리지 않은 타인의 책임도 아닌 온전히 본인의 책임이라는 것을 명심해야 한다.

지역에 따라 서핑이 불가능한 '수상레저 금지구역'도 있다　일반적으로 '수상레저 금지구역'에는 해변에 안내판이 세워져 있으니 해당 내용을 쉽게 확인할 수 있다. 파도가 좋을 것 같은데 서퍼가 한 명도 떠 있지 않다면 우선 해변에 금지판이 있는지 찾아보자. 금지판이 보이지 않더라도 온라인에서 '해양경찰청 수상레저 종합정보'를 확인하여 해당 지역의 서핑 가능 여부를 먼저 체크해야 한다.

　추가로 국내에서는 해수욕장 개장 기간에는 서핑이 금지되거나 별도로 지정된 구역에서만 서핑을 해야 하는 경우가 많다. 해수욕객의 안전과 지역민들의 생계를 위한 조치이므로 아쉽더라도 각 해변의 정해진 규칙에 따라 서핑을 즐기도록 하자.

시간에 따라 입수가 불가능한 경우도 있다 바다에 들어가 서핑이 가능한 시간은 일출 30분 전부터 일몰 30분 후까지다. 가끔 선셋타임에 서핑을 하다가 '하나만 더 타야지, 하나만 더 타야지.' 하면서 욕심을 부려 일몰 후 30분을 넘기는 경우가 종종 있다. (신기하게도 하나만 더 타야겠다고 다짐하는 순간 파도가 오지 않기 때문) 어두운 시간에는 주변의 위험한 지형지물을 정확히 파악할 수 없고, 사고가 발생해도 구조가 어려우므로 정해진 시간에 서핑을 시작하고 마무리해야 한다.

갑작스러운 기상 변화

2023년 6월, 양양의 어느 해변에서 서핑을 마치고 해변에서 휴식을 취하던 서퍼가 낙뢰에 맞아 숨지는 사고가 있었다. 기상청의 '2022 낙뢰 연보'에 따르면 최근 10년간의 낙뢰는 주로 여름철(6~8월)에 발생했다고 한다. 해외에서 낙뢰로 인한 사고 소식을 접한 적이 있긴 했지만, 국내에서 발생한 낙뢰 사고는 서퍼들뿐만 아니라 국민들에게도 큰 충격을 안겼다. 기상 상황이 시시각각 변화하는 바다에서는 사소한 변화에도 예민하고 보수적으로 대처해야 한다.

낙뢰 예보가 있을 때는 외출을 삼가고, 야외 활동 중에 갑작스럽게 낙뢰가 친다면 빠르게 건물이나 차량 내부로 대피해야 한다. 특히 얕게 물이 깔린 해안가에는 높게 솟은 구조물이 없어, 낙뢰가 칠 때 해변에 서 있는 사람과 서프보드는 피뢰침과 같은 역할을 하게 된다. 그러므로 먹구름이 해안에 닿기 전에 물 밖으로 나와야 한다.

해무도 사고를 발생시키는 요인이 된다. 봄철(3월)부터 시작하여 초여름(7월 말)까지 낮은 수온과 상대적으로 고온·다습한 공기가 만나면 해무가 발생한다. 해무가 끼면 시야를 가리고 저체온증을 유발할 수 있다. 특히 가시거리가 500미터 이내일 때는 수상레저안전법 시행규칙*에 따라 물 밖으로 나와야 한다.

수상레저안전법 시행규칙 제22조(기상에 따른 수상레저 활동의 제한)

제22조(기상에 따른 수상레저 활동의 제한) 누구든지 수상레저 활동을 하려는 구역이 다음 각 호의 어느 하나에 해당하는 경우에는 수상레저 활동을 하여서는 아니 된다. 다만, 파도 또는 바람만을 이용하는 수상레저 기구의 특성을 고려하여 대통령령으로 정하는 경우에는 그러하지 아니하다.
1. 태풍 · 풍랑 · 폭풍 해일 · 호우 · 대설 · 강풍과 관련된 주의보 이상의 기상특보가 발효된 경우
2. 안개 등으로 가시거리가 0.5킬로미터 이내로 제한되는 경우

3 | 마주치기 싫은 공포의 해양 생물들

대한민국
식인상어 주의보

서핑할 때 즐거운 점 중 하나는 아쿠아리움에 가지 않아도 해양 생물을 가까이서 만날 수 있다는 것이다. 나는 해외에서 서핑을 하며 돌고래, 거북이, 듀공, 가오리 등을 만났다. 놀랍고도 잊을 수 없는 감격스러운 경험이다. 그렇다고 모든 생물이 반가운 것은 아니다. 어떤 생물들의 공격은 꽤 고통스럽거나, 심하면 사망에 이르는 경우도 있기 때문이다.

아무래도 서핑할 때 제일 두려운 해양 생물은 단연코 상어다. 세계 서프 리그 경기 중에 선수가 상어의 공격을 받아 대회가 중단된 적도 있었고, 호주 트립을 갔을 때는 어떤 서퍼가 샤크어택(Shark attack, 상어의 공격)을 당해 해변이 폐쇄되었다는 소식을 접하기도 했다. 인구의 상당수가 해변에 살고 서핑 인구가 많은 호주에는 샤크넷(Shark net, 상어의 접근을 막는 그물)이 설치되어 있고, 상어의 접근이 감지되면 알림을 전송하고 대피시키는 시스템이 곳곳에 갖추어져 있다.

아직까지 국내에서는 서핑 중에 상어의 공격으로 일어난 사고는 없었지만, 최근 수온이 변하면서 대한민국 해역에서도 식인 상어가 잡혔다는 뉴스가 종종 보도된다. 이제 한국 서퍼들도 상어의 공격에서 자유로울 수는 없다. 행여나 상어 지느러미가 다가오는 것을 발견한다면 상어를 자극하는 고함이나 물장구 등을 삼가고 조심스럽게 물 밖으로 나와야 한다.

국내에서 서퍼들을 가장 많이 괴롭히는 해양 생물은 해파리다. 특히 수온 상승과 함께 바다의 골칫덩이로 급부상한 노무라입깃해파리는 피서객과 서퍼들을 공격하고, 어업에도 피해를 줄 정도로 지독한 빌런이다. 생김새도 혐오스럽지만 그 촉수에 쏘이면 순간적으로 감전되는 듯한 고통과 함께 흉터까지 남는다. 거대한 크기만큼 촉수도 길어서 멀리 떨어져 있어도 쏘일 수 있으므로 수온이 상승하는 시기에는 주의하도록 하자.

129

서핑하며 만나는 모든 생명체가
반가운 것은 아니다.

노무라입깃해파리 외에도 눈에 보이지 않을 만큼 작은 해파리에 쏘이기도 하고 물벼룩에 뜯기는 경우도 있기 때문에, 특히 피부가 예민하거나 알러지가 있는 사람이라면 래시가드 또는 서핑슈트를 착용하여 피부 노출을 최소화하는 것이 좋다.

우리는 물이 무섭든, 무섭지 않든 서핑을 시작하기 전에 반드시 안전교육을 받아야 한다. 바다는 매일 변하며 물속은 미지의 세계. 그렇기 때문에 늘 겸손해야 하며, 미리 안전 수칙을 몸에 익혀 위험한 상황이 발생하기 전에 방어적으로 서핑을 해야 한다. 만약 나의 수준을 넘어서는 파도의 크기와 힘이 느껴진다면 무리하지 말고 해변에 머물도록 하자. 파도를 바라보며 타인의 서핑을 관찰하는 것도 서핑의 일부이다.

나 혼자 바다에 떠 있다면 앞서 말한 안전 수칙들만 잘 익혀도 큰 부상이나 사고 없이 서핑을 즐길 수 있을 것이다. 하지만 여러 서퍼들이 동시에 서핑을 즐기다 보면 서로의 부주의로 사고가 발생할 수 있다. 그렇기 때문에 다음 장에서 세계 공통의 서핑 룰과 매너를 알아보고, 더욱 안전하게 서핑을 즐기기를 바란다.

130

지금 버릇 여든까지

서핑의 룰과 매너

파도가 좋은 날이면 수많은 서퍼들이 파도를 타기 위해 바다로 모여들어 소위 '물 반 서퍼 반'이 되는 상황이 펼쳐진다. 붐비는 라인업에 나가 서퍼들 사이사이로 패들을 하다 보면 습지의 나뭇가지 사이를 헤엄치는 뉴트리아가 된 기분이 들기도 한다. 옆에 떠 있던 서퍼가 보드를 돌리면 돌려차기를 피하듯 재빠르게 머리를 숙여야 하거나, 축구 경기에서 골대 앞에 페널티킥을 막듯 빈틈없이 가로막고 떠 있는 서퍼들의 수비벽에 파도 잡기를 포기해야 하는 순간도 많다. 콩나물시루처럼 촘촘히 바다 위에 떠 있는 서퍼들이 서로 파도를 잡으려고 하다 보면 예상치 못한 사고들이 발생하기 마련이다.

한정된 파도를 두고 치열한 경쟁을 해야 하는 서퍼들은 세계 공통의 '서핑 룰과 매너'를 정해놓았다. 가끔 이러한 룰과 매너가 지켜지지 않아 사고가 발생함은 물론, 물속에서의 싸움이 모래사장까지 이어져 폭력 사태로 번지기도 하므로, 안전과 평화를 위해 서핑 룰과 매너를 미리 숙지하자.

One wave, One Surfer

'원 웨이브 원 서퍼(One wave, One surfer)', '한 파도에는 한 명의 서퍼만 탄다'는 서핑의 가장 대표적이고 기본적인 룰이다. 서퍼들의 룰을 설명하기 위해서는 먼저 '사이드 라이딩(Side riding)'과 '피크(Peak)'라는 두 개념을 알아야 한다.

서퍼들은 해변을 향해 직진으로만 라이딩하지 않는다. 파도를 더욱 길게 타기 위해 파도가 가장 먼저 깨지는 '피크'에서부터 파도가 깨지는 방향으로 라이딩을 하게 되는데, 이것을 '사이드 라이딩'이라고 한다. (파도의 위치에 따른 이름은 뒤에서 배울 것이다.)

　　피크에서 가장 가까이 위치한 사람에게 그 파도를 먼저 탈 수 있는 우선권이 있다. 만약 그 사람이 테이크 오프를 성공했다면 다른 서퍼들은 그 파도를 타지 않고 다음 파도를 기다리거나, 동시에 테이크 오프를 했을 경우 우선권이 있는 서퍼에게 길을 내줘야 한다.

134

붐비는 라인업

Don't drop in

우선권을 가진 서퍼가 파도의 면을 타고 사이드 라이딩을 하는데 다른 서퍼가 같은 파도에 뛰어들어 라이딩을 방해하는 행위를 '드랍(Drop)', 또는 '드랍 인(Drop in)'이라고 한다. 서퍼라면 가장 불쾌해하는 노매너 행위로, 이로 인해서로 부딪히는 위험한 상황이 발생하기도 한다. 그러므로 '드랍'을 하지 않기 위해서는 파도를 잡기 전에 늘 피크에서 누가 오고 있는 건 아닌지 확인하는 습관을 가져야 한다. 의도치 않게 드랍을 하게 되었다면, 빠르게 파도에서 빠져나오거나 정중하게 사과하여 상대가 기분이 상하지 않도록 마무리하는 것이 좋다.

이미 누군가가 타고 오는 파도에 끼어드는 것은 서핑 룰에 어긋나는 행위이다.

파도 공유하기

그다음으로 중요한 서핑 매너는 '로테이션(Rotation), 파도 공유하기'이다. 일반적으로 파도는 잠잠한 듯하다가 두세 개 또는 서너 개가 연달아서 세트(Set)로 들어온다. 세트가 와서 **파도를 탔다면 다음 세트는 바로 타지 말고 다른 서퍼들에게 양보하여 번갈아 가며 세트를 타는 것이 '로테이션'**이다. 어떤 서퍼들은 파도를 타고 라인업으로 돌아와 바로 다음 세트를 타버리면서 다른 서퍼들의 기회를 뺏고 욕심을 부린다. 혼자서 모든 파도를 다 타려고 하는 욕심쟁이 서퍼는 안타깝게도 웬만한 라인업마다 존재한다.

잔치가 열렸는데 잔칫상 위의 음식을 혼자 다 먹어버리는 사람이 있다고 생각해 보자. 얼마나 얄밉고 타인에 대한 배려가 없는 행동인가. 파도가 오는 날은 서퍼들에게 잔칫날과 마찬가지다. 타인의 기회까지 뺏어가며 자신의 배만 불리는 서퍼는 어느 곳에서도 환영받지 못할 것이다.

자연에서 대가 없이 파도 선물을 받았다면 넉넉한 마음으로 타인을 배려하며 파도를 양보하고 공유하도록 하자. 파도를 하나 타고 막 라인업에 돌아왔다면 세트 두세 개 정도는 피크에서 조금 떨어져 먼저 기다리고 있던 서퍼들을 보낸 다음, 다시 피크 가까이 자리를 잡아 파도를 노리는 것이 좋다.

몇몇 서퍼들끼리만 파도를 계속 재밌게 타고 나에게는 도저히 순서가 오지 않는 것이 초보 서퍼의 일상이다. 하지만 충분히 파도를 공유했다고 확신이 들면 과감하게 피크에 자리를 잡고 파도를 잡기 위해 열정적으로 시도해야 이 굴레를 벗어날 수 있다.

Don't snaking

파도가 오는 순간 먼저 피크 가까이서 파도를 기다리는 사람을 제치고 더 피크 가까이 들어가 파도를 타는 '스네이킹(Snaking)'은 굉장히 밉살스러운 행동이 어서 반복되면 괘씸하기까지 하다. 그렇기 때문에 '뱀처럼 교활한 행동'이 라는 뜻으로 '스네이킹'이라 부른다.

일반적으로 몇몇 서퍼의 이기적인 욕심 때문에 발생하는 불쾌한 상황이 긴 하지만, 만약 자신이 자꾸 여러 사람에게 스네이킹을 당하는 기분이 든 다면 자신의 위치를 확인해 볼 필요가 있다. 바다에는 조류가 있어서 의지 와 상관없이 피크에서 점점 멀어질 수 있기 때문에 다른 사람들이 봤을 때 당신이 피크에 가깝지 않다면 파도를 타려는 의지가 없다고 판단할 수 있 다. 힘이 들어 쉬고 싶은 상태가 아니라 파도를 잡으려는 의지를 갖고 있다 면, 자신의 위치를 수시로 확인하여 피크와 가깝게 자리를 잡고 있어야 상 대방으로부터 의도치 않은 스네이킹을 당하지 않을 수 있다.

라이딩 중인 서퍼가 최우선

서핑에서는 파도를 타는 사람을 기준으로 규칙이 정해진다. 파도 위에 서는 순간 불안전한 균형을 갖고 **빠른** 속도로 달리기 때문에 파도를 타고 있지 않은 서퍼들이 안전을 위해 배려하는 것이다.

그렇기 때문에 누군가가 라이딩을 하고 있다면 다른 서퍼들은 그의 진로 를 방해하지 않도록 비켜주고, 라인업을 할 때도 라이딩을 방해하지 않는

137

방향으로 진입해야 한다. 내 몸 편하게 라인업에 도착하려고 라이딩 중인 서퍼의 경로를 신경 쓰지 않으면, 빠르게 달려오는 보드와 부딪혀 라인업이 아닌 병원에 도착하게 될지도 모른다.

138

하지만 라이딩 중인 서퍼가 우선이라는 이유로 본인이 파도를 잡거나 라이딩을 할 때 주변을 살피지 않는 것 또한 위험하다. 특히 초보들의 경우 앞뒤와 양 옆의 상황을 전혀 살피지 않고 보드에 얼굴을 파묻은 채 파도를 잡기 위해 팔을 냅다 젓기만 하는 경우가 많다. 이런 사람을 라인업 중에 코앞에서 마주하면 어디로 피해주어야 할지 갈피를 잡을 수가 없어서 등골이 서늘해진다. 부딪힐 경우 부상의 위험이 있으므로 늘 서로서로 전방을 예의주시하고, 부딪힐 위기에 처했을 때는 소리를 쳐서 나의 위치를 알려 위험을 모면하도록 해야 한다.

라인업 중에 누군가 사이드라이딩을 하며 가깝게 다가오고 있다면, 라이딩이 진행 중인 반대 방향(왼쪽으로 라이딩 중이면 서퍼의 오른쪽으로, 오른쪽으로 라이딩 중이면 서퍼의 왼쪽으로)으로 라인업 하여 서로 부딪힐 확률을 줄여야 한다.

내 보드가 어디 있는지 항상 확인하기

서핑 입문 초기에는 물에 빠지면 내 몸 하나 가누기 어렵다. 쉴 새 없이 울렁거리는 바다에서 짠기 가득한 물이 눈코입으로 밀려 들어와 미간이 찡해지면서 정신이 혼미해진다. 하지만 나와 타인의 안전을 위해서는 **물에 빠**

진 다음 얼굴에 흘러내리는 물을 걷어낼 것이 아니라, 서둘러 내 보드의 위치를 확인하는 것이 가장 중요하다. 보드가 다른 사람을 위협하고 있지는 않은지, 나를 덮칠 준비를 하고 있지는 않은지 확인하자.

그리고 물에 빠질 때는 보드가 발사되지 않도록 보드를 잡아야 한다. 주변에 사람이 없다면 보드를 멀리 밀어내며 빠지는 것도 방법이다. 하지만 물 아래 잠긴 사이에 보드가 물살이나 파도에 의해 어디로 튀어 올랐다 떨어질지 예측하기가 어려우니, 가능하다면 보드를 잡으면서 빠지는 것이 가장 현명하다.

필자 역시 보드를 다루는 게 어색했던 시절에는 누군가에게 보드를 날리기도 하고, 다른 서퍼들이 날린 보드에 맞아 부상을 당하기도 했다. 물속에서는 자신의 보드에 누가 맞았는지, 내가 누구의 보드에 맞았는지 파악하기 어렵다. 보상받을 수도, 보상해 주기도 힘든 상황이 벌어지기 전에 보드를 단단히 간수하여 사고를 예방하자.

룰과 매너를 지키는 것도 습관이다. 초보니까 봐달라는 심보로 눈앞의 파도에 전부 들이대고 타인의 파도를 뺏어 타는 것에 익숙해지면, 이후 실력이 쌓여도 습관대로 쉽게 방심하여 자신과 타인의 부상과 사고를 불러일으킬 것이다. 서핑 실력이 성장하는 만큼 성숙한 매너를 갖추기 위해 노력하자.

가끔은 그 지역에서 나고 자랐거나 오래 서핑을 해왔다는 이유로 텃세를 부리며 서핑 룰과 매너를 깡그리 무시하는 서퍼들도 있다. 이것을 부정적인 의미로 '로컬리즘'이라고 부른다. 이러한 태도는 위험한 상황을 연출하고 서로의 감정을 불쾌하게 만들어 다른 서퍼들도 룰과 매너를 지켜야 하는 필요성을 못 느끼게 한다. 이유도 없는 텃세를 부리는 서퍼는 이후 서퍼들의 커뮤니티에서 환영받지 못한다.

로컬리즘과 로컬 리스펙트

로컬리즘(Localism)은 지역 편향적 특성을 말한다. 지역 사람들끼리만 편애하며 외부인을 배척하는 문화라고 볼 수 있다. 서핑에도 이런 로컬리즘이 있다.

서핑의 경험이 많아지고 함께 서핑을 하는 동료들이 생기기 시작하면 파도가 좋은 해변을 찾아 서핑 트립을 떠나게 될 것이다. 로컬리즘이 심한 지역으로 서핑 트립을 가게 되었다면 서핑을 하면서 알게 모르게 부당한 대우를 받을 수도 있다. 로컬이라는 이유로 '원 웨이브, 원 서퍼', '파도 공유하기' 등의 룰과 매너는 깡그리 무시하고 자신들만의 룰을 들이대면서 파도를 소유하려는 경향의 속 좁은 로컬들이 종종 있기 때문이다. 이런 부류의 로컬들은 보통 '내로남불'도 심해서 타인이 룰을 어겼을 때는 자비 없이 욕이나 폭력을 가하기도 한다.

물론 로컬이 나쁜 의미만 있는 것은 아니다. 서퍼들 사이에서 '로컬(Local)'이라는 의미는 일반적으로는 그 지역에서 나고 자란 서퍼를 지칭한다. 서핑 때문에 해당 지역에 정착하여 긴 세월을 서핑하며 살아온 사람들도 '로컬'이라 부른다. '노력형 로컬'이라고 해야 할까? 그들은 그 해변의 파도가 좋아 정착하기 시작하면서 자주 서핑을 하고, 서핑을 가르치고, 해변을 가꾸고, 지역 사람들과 유대를 맺고, 지역에 대한 애착을 키워감으로써 어쩌면 '로컬보다 더 로컬'이라고 볼 수 있다.

로컬들의 수고가 없다면 해변을 가꾸는 이도, 바다를 지키는 이도 없거나 부족할 것이다. 그렇기 때문에 서핑에는 로컬들의 행동과 의견을 존중하는 '로컬 리스펙트(Local respect)'라는 문화가 있다. 낯선 해변에서 좋은 파도를 발견했다면 바다에 들어가기 전에 그 지역의 파도를 제일 잘 아는 로컬에게 물어보는 것이 좋다. 성숙한 로컬이라면 언제 어느 쪽에 파도가 좋고, 어떤 방법으로 바다에 들어가야 하고, 무엇을 주의해야 하는지 등의 실용 정보를 알려줄 것이다. 그리고 만약 무례하거나 위험한 서핑으로 라인업의 질서와 평화를 해치는 사람이 있다면 로컬은 그에게 정중하게 주의를 줄 수도 있다.

호주 누사에서 서프보드를 만들고 있는 레전드 서퍼 '톰 와그너' 할아버지는 인터뷰에서 이런 말씀을 하셨다.

"성숙한 서퍼란, 자신의 고향 앞 바다에서 처음 서핑하는 사람들에게 양보하고, 그들을 가르치는 사람이다. 그들이 가장 행복한 순간은 누군가가 처음 파도를 타는 장면을 보는 것이다."

서핑을 시작하고 하나의 해변에 정착한 몇몇 사람이 종종 거친 로컬리즘을 부릴 때가 있다. 나의 해변이니 모든 파도를 내 마음대로 탈 수 있고, 나만의 룰을 만들어 이곳에 오는 사람들에게 강제하려고 한다. 하지만 바다는 누구의 소유도 아니며 모두가 함께 가꿔야 할 인류의 자산일 뿐이다. 자신들이 가장 혜택을 많이 받고 있는 바다이기 때문에 책임감을 느끼고 가꾸고 지켜야 한다는 생각보다, 그저 서핑을 많이 하는 것에만 욕심을 부리는 것은 유치하고 치졸한 태도이다.

142

성숙한 서퍼가 되기 위해서는 안전을 위한 서핑의 룰과 에티켓을 지키는 것은 물론, 많은 이들과 파도를 공유하는 마음을 가져야 한다. 내가 가꾸고 지켜온 소중한 이곳에 방문한 다른 서퍼들이 위험에 처해 있지는 않은지, 즐겁고 행복하게 서핑을 즐기고 있는지를 확인하며 온화하고 평화로운 서핑 문화를 만들어야 그들이 원하는 '로컬 리스펙트'를 받을 수 있을 것이다.

성숙한 서퍼들의
알로하

로컬리즘
vs
최고의서퍼

나 홀 로 서 핑 하 기

자유 서핑할 때 신경 써야 하는 것들

서프샵을 통해 처음 입문 강습을 받고 나면 강습을 언제까지 얼마나 받아야 하는지 많은 사람이 궁금해한다. 요즘은 많은 서프샵들이 각자의 커리큘럼을 갖고 있어서 첫 강습을 받은 서프샵이 마음에 들었다면 그곳에 다음 과정을 문의해 보는 것이 좋다. 대부분은 첫 강습을 체험 서핑 수준으로 배우기 때문에, 이후에 바로 혼자서 서핑을 해보려고 하면 아무것도 되지 않는 것이 정상이다.

그제야 첫 강습에서 당신이 보드 위에 올라서서 파도를 탈 수 있었던 것은 강사가 좋은 파도를 골라 정확한 타이밍에 보드를 밀며 '푸시, 업'을 외쳐줬기 때문이라는 사실을 적나라하게 깨닫게 될 것이다. 혼자서 파도를 골라 파도 위에 서기까지는 무수한 시행착오를 거쳐야만 한다. 그렇게 때문에 서핑 실력을 조금이라도 빠르게 향상시키기 위해서는 시행착오를 줄이는 데 도움이 되는 서프샵의 커리큘럼을 따라가는 것을 추천한다.

그래도 자기만의 연습 시간이 필요하거나 다음 과정을 수강할 여유가 되지 않아 장비만 빌려서 바다로 나가야 한다면, 다음의 팁들을 잘 기억해두기 바란다.

1 │ 안전을 위한 팁

장비를 잘 확인하기

서프샵을 선택할 때는 장비를 잘 관리하고 있는지 확인해야 한다. 장비는 안전과 직결되기 때문에 장비를 깨끗하고 정갈하게 관리하여 제 기능을 할 수 있도록 보관하는 업체인지 확인하는 것이 좋다.

그리고 장비를 대여받았을 때도 기능에 이상이 없는지 확인해야 한다. 전반적으로 관리를 잘하고 있는 샵일지라도 대량의 장비를 관리하다 보면 기능의 이상을 놓칠 수 있다.

특히 리쉬코드에 홈이 있지는 않은지, 베어링이 잘 돌아가는지 등을 확인해야 한다. 그리고 서프보드 역시 부서지거나 벌어진 틈이 없는지 입수 전에 확인하도록 하자.

서핑슈트를 입을 때도 너무 낡아 체온 유지가 어렵진 않은지 확인해야 한다. 특히 기온과 수온이 낮은 계절이라면 더욱 신경 쓰도록 한다.

나의 위치를 확인하기

혼자서 바다로 나갈 때는 항상 자신의 위치를 확인하도록 한다. 바다의 조류는 눈 깜짝할 새에 나를 떠내려가게 만든다. 해안에서 멀리 수평선 방향으로 이안류를 타고 떠내려 가거나, 해안선과 평행한 방향에서 떠내려 갈 수도 있다.

앞서 배운 '라인업에서의 위치 확인 방법'을 활용해 자신의 위치를 수시로 확인하자. 만약 자신이 해안과 수평 방향으로 떠내려 가고 있다는 것을 확인하면 패들을 해서 제 위치로 돌아온다.

혹시라도 들어왔던 위치로 돌아갈 수 없을 정도로 조류가 빠르게 흐르거나 힘이 빠져 거스를 수 없다면, 해변을 정면으로 바라본 다음 패들을 하거나 파도를 타고 온 다음 해변을 걸어서 원래 위치로 다시 입수하는 것이 좋다.

146

사람들의 진로 확인하기

처음 서핑을 하다 보면 의도치 않게 위험한 상황들을 자주 연출하게 된다. 덕분에 욕도 바닷물만큼 먹게 되는데, 이럴 때는 의기소침해하지 말고 빠르게 사과를 하면 그만이다. 주눅이 들면 되던 것도 안된다. 방금 나에게 욕을 했던 서퍼도 분명 '욕받이' 시절이 있었을 테니까 절대 기죽을 필요는 없다. 하지만 나의 발전과 타인의 안전을 위해 서핑의 룰과 매너를 신경 써 가며 연습하도록 하자.

특히 초보들의 경우 파도의 좌우를 체크하지 않고 피크에서 누가 오고 있는데 파도를 잡는다던가(드랍), 누군가가 파도를 타고 오고 있는 진로를 방해해서 라인업을 하는 등의 실수를 자주 한다. 항상 사람들이 좌우에서 어느 방향으로 갈 것인지를 확인하고, 라인업으로 들어갈 때는 진로에 방해가 되지 않도록 멀리 돌아서 들어가거나, 파도가 없을 때를 노려 서둘러 들어가도록 하자.

초보일 때는 슬프게도 내가 노리는 파도는 대부분 이미 누가 타고 있을 것이다. 그렇기 때문에 사람이 적은 시간을 노리거나, 덜 붐비는 해변에 가서 안전한 상황 속에서 집중하며 연습하는 것을 추천한다.

2 | 혼자서 연습하기

파도를 골라주고 타이밍을 외쳐주는 강사가 사라지면 스스로 파도를 고르고 패들하여 그 위에 올라타야 한다. 물에 처박히고 소금물을 마시더라도 많은 파도에 직접 들이대 봐야 파도가 밀어주는 느낌과 테이크 오프 타이밍에 대한 감이 생긴다. 다음의 과정을 따라 파도에 대한 감을 키워보자.

화이트 워시에서 테이크 오프하기

처음에는 보드 위에 일어서는 연습을 자주 하는 것이 좋다. 그러므로 발이 닿는 허리 정도의 수심에 서서 하얗게 부서지는 화이트 워시(거품 파도)에서 보드를 밀어타는 연습을 해 보자.

허벅지 정도의 깊이에서 보드를 해변 방향으로 두고 고개를 돌려 파도를 확인한다. 파도가 깨지고 난 다음 화이트 워시가 밀려오는 것을 확인했다면 보드 위에 엎드려 패들을 해본다. 그리고 테일에 화이트 워시가 닿아 보드가 밀려 속도가 나기 시작할 때, 테이크 오프를 시도한다.

그린 웨이브 밀어타기

거품 파도에서 일어서는 연습을 충분히 했다면, **파도의 날이 서면서 거품으로 깨지기 직전의 그린 웨이브를 노려보자.** 그린 웨이브 밀어타기를 연습하기 전에 파도가 없는 곳에서 보드를 앞으로 밀며 자연스럽게 보드 위에 올라타는 연습을 해야 한다. 허리 아래의 수심에서 양손으로 보드의 양쪽 레일을 잡고 보드를 밀며 그 위에 엎드려 올라타 보자. 보드 위에 빠르게 올라탈 수 있어야 파도가 오는 속도에 맞춰 밀어타기가 가능하다.

보드 위에 올라타는 연습을 충분히 했다면, 보드의 노즈를 해변 방향으로 맞추고 서서 보드 중간 부분의 레일을 각각 양손으로 잡는다. 그런 다음 뒤에 오는 파도를 관찰한다. 그린 웨이브가 테일에 닿기 직전에 보드를 해변 방향으로 힘차게 밀면서 올라탄 후, 패들을 생략하고 바로 푸시 자세로 들어간다. 보드 위의 정확한 위치에 엎드렸다면 푸시 자세에서 안정적으로 앞으로 밀려 나갈 것이다. 그다음 동작을 연결해 테이크 오프를 완료한다. 이때 주의할 점은 **밀려오는 파도와 테일의 방향을 수직으로 맞추는 것이다**. 수직이 되지 않으면 보드가 뒤집힐 수 있다.

　거품 파도에서도 밀어타기 연습은 가능하다. 파도가 밀어주는 느낌과 테이크 오프를 하는 타이밍을 몸에 익히도록 하자.

 혼자서 연습할 때는 북적이지 않는 곳에서 연습하기를 바란다. 붐비는 바다에서 기본 기술을 연습하게 되면 서로 위험하고, 여유와 기회도 줄어든다.

보드 방향 전환하기

　보드의 방향을 빠르게 전환하는 연습을 해보자. 방향 전환이 자유로워야 원하는 방향으로 패들을 해서 갈 수 있고, 파도가 올 때 보드의 방향을 맞추어 테이크 오프를 할 수 있다. 파도는 오는데 보드를 빨리 돌리지 못해서 파도가 지나가 버리면 다시 파도가 올 때까지 기다려야 한다. 보드를 빨리 돌릴 수 있다는 건 내가 파도를 얼마나 많이 탈 수 있느냐와 직결되는 능력이므로 파도가 없이 잔잔한 날에는 보드를 빨리 돌리는 연습을 하자.

#화이트 워시   #테이크 오프

3
4

그린 웨이브
밀어타기

서프보드 방향 전환
세 가지 방법

보드를 돌리는 방법은 여러 가지가 있다. 서서, 엎드려서, 앉아서 하는 동작으로 나뉜다. 발이 닿는 위치에서 보드를 돌리고자 한다면, 테일을 눌러 보드가 수면과 닿는 면적을 줄여야 쉽고 빠르게 보드가 돌아간다. 보드 위에 엎드려 있다면, 양손을 저어 보드를 회전시킬 수 있다. 양손을 물속에 집어넣어 같은 방향으로 번갈아 가며 원을 그리듯이 물을 젓는다. 원을 그리는 방향과 반대로 보드가 돌아갈 것이다. 끊기지 않고 깊고 부드럽게 저을수록 속도를 잃지 않고 보드가 돌아가게 된다. 이렇게 방향 전환을 하게 될 경우에는 반경이 넓어진다. 그렇기 때문에 제자리에서 보드를 돌리는 연습도 함께 필요하다.

제자리에서 보드를 돌리기 위해 먼저 보드 위에 말 타듯이 앉아보자. 물속에 잠긴 양발을 같은 방향으로 서로 교차하며 휘휘 저으면, 보드가 발을 돌리는 반대 방향으로 회전한다.

보드에 적응하기 전이라면 보드의 중앙에 앉아서 보드를 돌리는 것이 안정적이다. 어느 정도 보드에 앉아 균형을 잡을 수 있게 되었다면 앉는 위치를 조절하여 좀 더 빠르게 돌려보자. 엉덩이를 보드의 테일 쪽으로 옮겨 앉아 보드의 바텀이 수면에 닿는 면적을 최소한으로 줄여주면 보드가 훨씬 더 빠르게 돌아간다. 처음에는 중심을 잡기 어려울 수 있으므로 점점 위치를 옮겨가며 연습을 하자. 보드를 돌릴 때는 노즈나 레일이 주변의 서퍼와 부딪히지 않도록 주의해야 한다.

발이 닿는 위치에서는 테일을 강하게 눌러 보드를 회전시킨다.

보드 위에 엎드렸을 때는 손을 저어 보드를 돌린다.

보드 위에 앉아 있을 때는 발을 저어 보드를 돌린다.

보드 테일 쪽에 앉으면, 보드를 더욱 빠르게 돌릴 수 있다.

패들 훈련하기

파도가 없어서 보드를 밀어타는 연습조차 할 수 없다면, 방향 전환과 함께 패들 연습을 하면 된다. 패들을 정확하게 할수록 패들에 필요한 근육이 향상되고 요령도 생길 것이다.

나의 신체 능력과 체력으로 상체를 어느 정도 들어 올릴 수 있는지, 패들을 어느 정도 꾸준하게 할 수 있는지 확인하며 패들 근력을 붙이도록 한다. 보드의 균형을 유지하며 한 번의 패들로 가장 많이 나갈 수 있는 자세는 어떤 것인지 연구하고 몸에 익히도록 하자.

방향 전환 또는 패들 훈련은 파도가 크지 않은 날 라인업보다 조금 더 나가는 구역에서 시도하는 것이 좋다. 이 구역이 화이트 워시가 생기지 않고 물의 출렁임이 적기 때문이다. 또 엎드려 패들을 할 때 손이 바닥에 닿지 않고, 앉아서 보드를 돌릴 때 발과 핀이 바닥에 닿지 않는 정도의 깊이일 것이다. 훈련 중에는 본인이 조류에 떠내려가고 있지 않은지 수시로 위치를 확인하자!

3 │ 사고 발생 시 대처 방법

혼자 서핑을 하다 보면 예상치 못한 사고가 발생할 수 있다. 상대와 부딪히거나, 내 보드에 내가 부딪히거나, 떠내려가서 어딘가에 부딪힐 수도 있다. 바다에서 위급 상황이 발생했다면, 양손을 들어 좌우로 흔들고 도와달라는 수신호와 함께 주변에 구조를 요청해야 한다.

사고는 대처보다 예방이 중요하다. 자신의 실력에 맞지 않는 파도에는 무리해서 들어가지 않도록 한다. 그리고 항상 자신이 어디서 서핑을 하는지 누군가에게 미리 알리자. 안전 수칙을 반복해서 익혀 방심하는 일이 없도록 하자. 단 한 번의 사고로 긴 시간 동안 서핑을 할 수 없게 될지도 모르는 일이다. 서핑 중간에는 쉬는 시간을 갖고 에너지를 보충하여 물에서 힘이 빠지거나 체온이 떨어지지 않게 하자.

KEEP

SURFING

LEVEL

03

준 비 된

서 퍼 에 게

좋 은

파 도 가

온 다

서 핑 하 기 좋 은 파 도 는 따 로 있 다 ?!

파도에 대한 이해

서핑은 파도를 포함한 여러 기상 현상에 예민하게 영향을 받는 활동이다. 특히 파도에 대한 이해가 부족하다면 위험한 상황에 처하거나 불필요하게 에너지를 많이 쓰게 되어, 서핑을 '힘들거나 어렵거나 무서운 운동'이라고 여기게 될 것이다.

서퍼들은 파도 하나에도 울고 웃는다. 파도의 상황에 따라 서핑의 가능 여부는 물론이고 난이도와 만족도까지 좌우되기 때문이다. 그래서 서핑에 빠지게 되면 안전과 즐거움을 위해 학생 때는 들여다보지도 않았던 지구과학을 갑자기 공부하기 시작한다. 도대체 언제 좋은 파도가 와서 내가 서핑을 재밌게 할 수 있는지 너무 궁금해지기 때문이다.

서핑에는 다양한 과학의 원리가 숨어 있다. 먼저 파도를 만드는 해양과학을 가볍게 공부하면 앞으로의 서핑은 물론이고 바닷가에서 해수욕이나 다른 활동을 즐길 때 굉장히 유용하다. 잠깐의 공부로 그동안 비슷비슷하게 보이던 바다와 해변들이 새롭게 보일 것이다.

1 │ 파도의 생성 원리

입문 단계에서는 강사에게 물어보면 되지만, 궁극적으로 서퍼라면 파도가 가장 좋은 해변, 자신에게 잘 맞는 파도를 스스로 찾아 떠나야 한다.

서핑 유아기를 지나 걸음마 단계가 되었다면 간단하게나마 파도가 생성되는 원리를 공부해 보자. 해안의 지형만 보고도 어디로 들어가고 어디로 나와야 할지, 얼마나 수심이 깊을지, 어느 방향으로 타면 유리힐지, 해저 지형은 어떻게 생겼을 것 같으니 무엇을 주의해야 할 지 등 많은 것을 파악해

파도의 생성 원리

먼바다에서 부는 바람이 파도를 만든다.

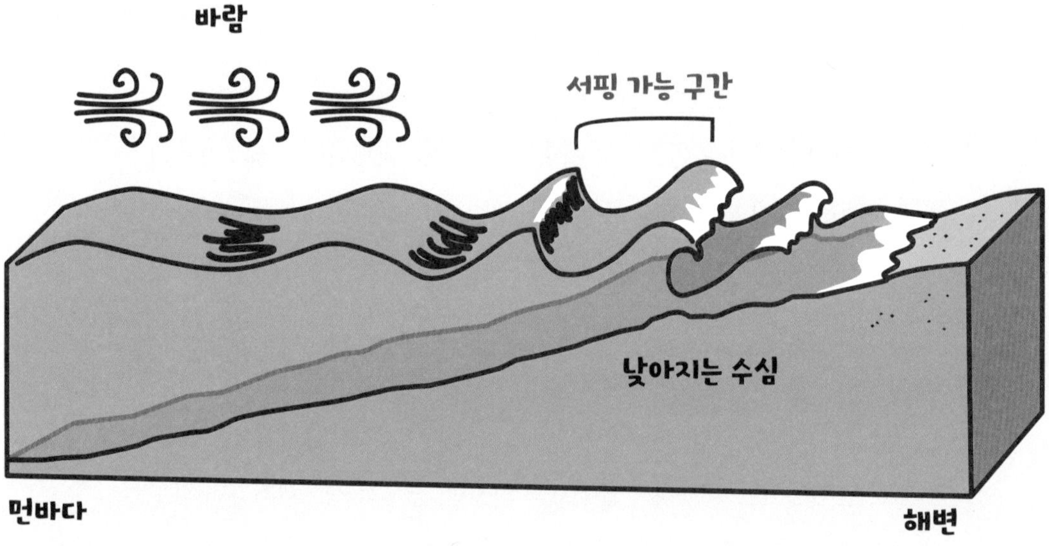

바람

서핑 가능 구간

낮아지는 수심

먼바다

해변

안전하고 효율적으로 서핑을 할 수 있게 될 것이다.

파도가 생성되는 원인은 다양하지만 주로 바람에 의해 만들어진다. 바람이 생기는 원리까지 건드리기 시작하면 서포자(서핑을 포기하는 사람)가 발생할 수 있으니 잠시 넣어두고 파도에만 집중하겠다.

서핑을 하기에 좋은 파도들은 대부분 먼바다로부터 밀려오면서 만들어진다. 먼바다의 잔잔한 해수 표면에 바람이 불면서 잔물결이 발생하고, 이러한 잔물결은 연안으로 이동하면서 모양이 조금씩 변하게 된다. 연안으로 밀려오던 잔물결은 서로 중첩되어 높아지면서 너울을 만들고, 너울 형태의 파도는 연안의 수심이 얕은 해저 지형에 부딪히면서 부서진다. 물 아래는 마찰로 인해 속도가 느려지고, 너울의 윗부분은 속도를 유지하며 오다가, 문턱에 발가락이 걸려 넘어지듯 중력에 의해 높은 부분부터 쏟아진다. 이것이 바로 파도가 부서지는 이유이다.

2 ｜ 서핑하기 좋은 파도는?

간략하게 설명한 파도의 생성 과정을 이해했다면 서핑할 때 고려하는 몇 가지 요인을 더 이야기해 보겠다.

바람 *Wind*

집 가까운 사람이 더 자주 지각을 하듯, 양양으로 이사를 온 뒤에는 서울에서 서핑을 하기 위해 방문하는 주말 서퍼들보다 더 늦게 바다에 입수를 하고는 한다. 오전 10시나 11시 정도에 설렁설렁 입수를 하다 보면, 이미

한 타임 마치고 나오는 서퍼들에게 이런 이야기를 정말 자주 듣는다.

"아침에는 좋았는데, 지금 바람 터졌어요."

바람은 파도를 만드는 데 반드시 필요하지만 연안에서 부는 바람은 파도를 지저분하게 만들어 서퍼들에게는 상당한 불청객이다. 연안에서 발생한 바람은 잔물결을 일으켜 해수면을 불규칙적으로 오르락내리락하게 만든다. 서퍼들이 새벽이나 일몰시간에 서핑을 많이 하는 이유는 바다 위에 떠서 바라보든 해돋이와 해넘이도 아름답긴 하지만, 그 시간대에 비교적 바람이 없거나 적게 불기 때문이다.

해가 뜨기 시작하면서 육지가 달아오르고 바다와 온도 차이가 발생하면

오프쇼어

대류 현상에 의해 바람이 발생할 확률이 높아진다. 이렇게 연안에 만들어진 바람은 파도를 타기 어려운 수준으로 힘이 없거나 면이 고르지 못하고, 어디서 파도가 깨질지 예측하기 어렵게 만든다. (서퍼들은 이를 '지저분하다' 또는 '차피(Choppy)하다'라고 표현한다.)

하지만 적당한 바람은 서핑에 도움이 되기도 한다. 육지에서 바다 방향으로 바람이 불면 파도가 무너지는 속도가 더뎌지면서 보다 여유 있게 파도를 탈 수 있게 된다. 이렇게 육지에서 바다로 부는 바람을 '오프쇼어(Offshore)'라고 한다. 강력한 오프쇼어는 보드를 뒤집어버리기도 하지만, 적당한 오프쇼어라면 성급하게 부서지려는 파도를 적당히 멈춰주면서 기가 막히게 좋은 파도를 만들어내기도 한다.

스웰 방향 *Swell*

먼바다에서 만들어져 일련의 움직임으로 연안에 닿는 파도를 서퍼들은 '스웰(Swell)'이라고 부른다. **스웰은 '거대한 파도의 흐름'으로 이해하면 편하다.** 스웰의 방향에 따라 같은 해변에 파도가 있을 수도 있고, 없을 수도 있다. 보통 계절의 영향을 크게 받는데, 지리적 위치에 따라 지역마다 차이가 난다. 한국의 경우에는 봄/겨울에는 북동쪽에서, 여름/가을에는 남쪽에서 스웰이 밀려온다. 따라서 봄/겨울에는 동해안에서, 여름/가을에는 남해, 제주도의 남쪽에서 서핑을 즐기면 파도를 만날 확률이 높다.

스웰은 방향에 따라 명칭이 있는데, 도착점이 아닌 시작점을 기준으로 부른다. 예를 들어 남쪽에서 북쪽으로(↑) 들어오는 스웰일 경우 남쪽에서

지역에 따라 좋은 스웰 방향

**해변이 향하는 방향에 따라
서핑하기 좋은 스웰 방향도 다르다.**

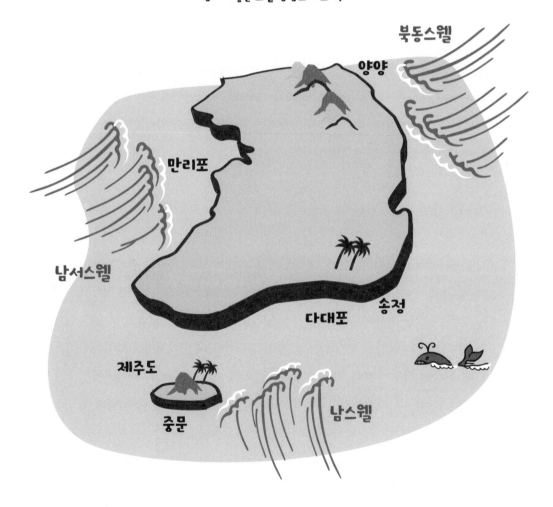

출발했으므로 '남스웰', 북동쪽에서 남서쪽으로(↙) 들어오는 스웰의 경우
'북동스웰'이라고 부른다. 해안이 바다를 바라보는 방향과 스웰의 방향이
마주할 때, 서퍼들은 '스웰을 받는다, 스웰이 꽂힌다'고 말한다.

　가끔 스웰이 없거나 해안과 반대 방향으로 향하는 역스웰의 경우도 있
다. 예를 들어 서해에 동스웰이 들어오거나 제주도의 북쪽 해안에 남스웰
이 들어오는 경우이다. 이럴 때는 거의 파도가 없다고 생각하면 된다.

　한국과 마찬가지로 서핑을 즐길 수 있는 세계 각국의 지역마다 스웰을
받는 시기가 있다. 서핑의 성지로 불리는 인도네시아의 발리도 건기에는
서쪽, 우기에는 동남쪽으로 스웰을 받기 때문에, 몇 월에 서핑 트립을 가느
냐에 따라 주로 서핑을 하는 해변이 달라진다.

　세계 각지의 유명 서핑 명소를 옮겨 다니며 세계 최고의 서퍼들이 실
력을 겨루는 세계 서프리그 챔피언십 투어(WSL CT, World Surf League
Championship Tour) 역시 해당 지역에서 가장 스웰이 잘 받는 시기를 고려하
여 일정을 계획한다. 아무리 파도가 좋고 유명한 지역도 스웰이 오는 시기
가 아니면 파도가 좋지 않을 수 있다는 점, 잊지 말자!

파도의 간격 *Period*

　영화 <인터스텔라>에서 밀러 행성을 기억하는가? 무릎까지 찰박이는
물로 가득 찬, 마치 호수처럼 잠잠하던 망망대해에 갑자기 빌딩만 한 쓰나
미가 밀려와서 주인공 일행은 허겁지겁 행성을 떠나야 했다. 나중에 영화
에 대한 해석을 보니, 밀러 행성의 쓰나미는 무려 1.2킬로미터 높이로 한 시

간마다 밀려오는 설정이었다고 한다.

물론 지구보다 강력한 중력으로 인해 발생하는 가상의 파도이긴 하지만, 실제로 3미터의 파도에만 뒹굴어도 세탁기 속의 빨래가 되는 간접 체험을 경험한 서퍼로서는, 3미터의 400배나 되는 그 파도를 보는 순간 영화관 의자에서 그냥 기절해 버리고 싶은 심정이었다.

만약 밀러 행성의 파도가 한 시간에 한 번이 아니라 10초 간격으로 쪼개져서 밀려왔다면 빅웨이브 전문 서퍼가 서핑을 해볼 만하지 않았을까 싶다. 일반적으로 파도와 파도 사이의 간격이 길어질수록 파도의 위력은 커지고, 간격이 짧을수록 파도의 위력이 작아지기 때문이다.

파도와 파도 사이의 간격을 '피리어드(Period)'라고 하는데 이는 파도의 질에 큰 영향을 미치는 요인이다. 피리어드가 길수록 파도의 힘은 합쳐져 면이 깨끗하게 정리되어 양질의 파도가 들어오고, 피리어드가 짧을수록 파도의 힘이 분산되어 힘이 없고 지저분한 파도가 들어오게 된다.

예를 들어 파도가 1미터인데 피리어드가 3초인 날과 8초인 날을 비교해 보면 3초인 날은 파도가 지저분해서 서핑을 거의 하지 못할 것이다. 하지만 8초인 날은 깨끗하고 힘 있는 파도, 서핑하기에 매우 좋은 파도가 들어올 거라 예상할 수 있다.

특히 파도가 커질수록 피리어드의 간격이 더 길어져야 깨끗하고 힘 있는 파도가 들어올 확률이 높다. 1미터의 파도에서 피리어드가 8초 정도일 때 양질의 파도가 들어온다면, 1.5미터의 파도가 들어올 때 8초보다 긴 피리어드가 예보되어야 양질의 파도를 기대할 수 있다.

국내에서는 보통 7~8초 이상의 피리어드가 나오면 좋은 파도를 기대한다. 피리어드가 긴 날에는 마치 손오공이 기를 모아 에너지파를 쏘듯, 파도의 에너지가 긴 시간 모여 밀려온다. 그렇기 때문에 예보된 파도 크기보다 더 큰 파도가 밀려오기도 한다.

스웰의 방향이 해변을 향하고, 바람이 많이 불지 않는 데다, 피리어드가 10초 이상 예보되었다면, 무조건 연차를 쓰고 장비를 챙기도록 하자.

물때 *Tide*

달이 지구를 당기는 힘에 의해 간조와 만조가 발생한다. 물이 빠져나가 해수면이 얕아지는 것을 '간조' 또는 '썰물', 영어로는 '로우 타이드(Low tide)'라고 한다. 반대로 물이 밀려 들어와 해수면이 높아지는 것을 '밀물'이라고 한다.

수위가 가장 높은 시점은 '만조', 영어로는 '하이 타이드(High tide)' 또는 '풀 타이드(Full tide)'라고 하며, 수위가 중간 지점일 때는 '미드 타이드(Mid tide)'라고 한다. 조수에 의한 수위의 변화가 '물때', 즉 '타이드(Tide)'인 것이다.

파도의 생성 원리를 잘 이해했다면 물때에 따라 파도가 달라질 수 있다는 것도 눈치챘을 것이다. 다른 조건들은 동일한데 조수의 차만 생겼다고 가정해 보자. 물이 차기 직전까지 수심이 얕아 파도가 깨지던 지점이 물이 차면서 수심이 깊어지면 파도가 깨지지 않게 된다. 파도가 작은 날에는 물이 치면 파도가 잘 깨지지 않기 때문에 미드 타이드 이상으로 수위가 넘어가지 않을 때를 노려 서핑을 하기도 한다. 반대로 수심이 차올라 파도가 연안의 구조물이나 절벽에 부딪혀 깨지게 되면 물 밖으로 나올 때 위험할 수 있다. 절대적으로 좋은 타이드가 있는 것이 아니라 해변과 파도의 상황에 따라 적절한 타이드가 있는 것이다.

보름이나 그믐쯤에 달의 인력이 강해지면서 밀물과 썰물의 차이가 최대 (사리, Spring tide)가 되는데, 이때 조수차에 의해 파도가 생길 수 있다. 일정 시간 내에 평소보다 많은 물이 들어왔다 많은 물이 빠져나가는 것이므로 물의 속도에 의해 파도가 생긴다. 그렇기 때문에 고인물 서퍼들은 달의 모양을 보며 며칠 후 파도가 좋겠다는 예언도 가능해진다. 실제로 정월 대보름이나, 백중사리, 추석과 같이 보름달이 뜰 때 평소보다 큰 파도를 만날 확률이 높다.

우리나라에서는 물때가 하루에 보통 2회 반복되는데, 6시간 간격이라 생각하면 편하다. 한국의 동해와 남해는 간만의 차가 크지 않은 편이라 큰 영향을 받지는 않는다고들 한다. 하지만 서해의 간만의 차가 세계적으로도 손꼽힐 정도로 크기 때문에 상대적으로 작아 보일 뿐이지, 서핑을 즐기다 보면 동해나 남해 역시 간만의 차에 따라 파도가 큰 영향을 받는다.

서해에서 관광객들이 바다 가운데 갇혔다가 구조되었다는 뉴스를 종종 접했을 것이다. 물이 빠졌을 때 갯벌 멀리까지 들어갔다가 밀물이 들어와 자신도 모르는 새 주변에 물이 차오르면서 바다 가운데 고립이 된 것이다. 그만큼 물이 들어오고 나가는 속도는 상상 이상으로 빠르다.

달의 모양에 따라 다르지만, 기본적으로 2시간을 서핑한다면 그사이에 도 꽤 큰 수심의 변화가 일어난다. 물이 들어왔을 때는 보이지 않던 해저 지형물이 수면 위로 드러나 진로를 방해하기도 한다. 들어갈 때는 해변의 돌

서퍼들은 수시로 파도 차트를 체크한다.

과 산호를 밟고 갔는데, 서핑을 마치고 나올 때는 물이 차올라 모래가 있는 해변까지 보드를 타고 나오는 경우도 있다. 특히 파도가 작은 날에는 물이 들어와 수심이 조금만 깊어져도 파도가 사라지기 때문에 서핑이 강제 종료 되기도 한다.

　그날의 파도 크기, 해안의 성격에 따라 물때를 잘 맞춰야 좋은 파도를 타 고 안전한 서핑을 할 수 있다. 그렇기 때문에 물때를 확인하는 것은 굉장히 중요하며, 특히 낯선 지역으로 서핑을 간다면 어느 물때에 파도가 좋은지 를 사전에 확인하는 것이 필수다.

*TIP * KEEP SURFING*

파도를 예보해 주는 파도 차트를 확인하면 가고자 하는 해변의 바람, 스웰 의 방향, 파도의 간격, 물때에 대한 정보를 미리 얻을 수 있다. 하지만 일기 예보와 마찬가지로 예보와 실제 파도의 상태는 다를 수 있으므로 휴대전화 에 파도차트 앱을 설치하여 파도 캠으로 확인하거나 직접 눈으로 파도를 체 크하는 것이 좀 더 확실한 방법이다.

지형

　처음 서핑을 배우러 온 분들에게 '서퍼들이 무섭게 생겼다'는 이야기를 종종 듣는다. 까맣게 그을린 피부, 거친 수염과 긴 생머리를 늘어뜨린 채 세 상 무뚝뚝할 것 같은 첫인상에 멈칫하게 되는 것이 사실이다. 그래도 서핑 배우러 왔다고 하면 언제 그랬냐는 듯이 건치 미소 자랑하면서 세상 친절 하게 대해주는 사람들이 바로 서퍼들이다. 그래서 나는 '관상은 과학'이라 는 말을 믿지 않는다.

하지만 '지형은 과학'이라는 말은 믿어도 좋다. 서핑할 때도 지형을 보면 대충 파도가 어떨지 짐작할 수 있기 때문이다. 지관이 풍수지리를 토대로 명당을 찾아내듯이 서퍼들도 좋은 파도를 만나기 위해서는 좋은 파도가 들어오는 지형의 특징을 정확하게 알고 있어야 한다. 지형에는 여러 가지 요소가 있지만, 기본적으로 해저의 구성 요소에 따라 구분한다.

비치 브레이크(Beach break)

서핑에서 말하는 브레이크(Break)란 '파도가 깨지는 곳'을 의미한다. '비치 브레이크'는 해저가 모래로 깔려 있는 지형에서 파도가 깨지는 곳을 말한다. 비치 브레이크에서는 물에 빠졌을 때 부상의 위험이 적기 때문에 비교적 안전하게 서핑을 즐길 수 있다. 국내의 대표 서핑 스팟인 양양의 죽도 해수욕장, 부산의 송정 해수욕장, 제주도 중문의 색달 해수욕장은 모두 비치 브레이크이다.

파도의 생성 원리에서 설명했듯이 먼바다에서 밀려오던 파도는 수심이 얕아지면서 깨진다. 그렇기 때문에 비치 브레이크에서도 모래가 좀 더 쌓여 있는 곳에서 파도가 깨지게 된다.

비치 브레이크에는 이렇게 모래가 쌓여 있는 곳들이 도처에 있어서 파도가 여기저기서 깨지는 편이다. 그래서 하나의 브레이크에 서퍼들이 지나치게 많이 모여 있다면, 경쟁이 덜한 다른 브레이크를 찾아가는 것이 가능하다.

비치 브레이크의 단점은 해저의 물결에 따라 모래가 이동하기 때문에 파도가 어디서, 어떻게 깨질지 예측하기가 어렵다는 점이다. 그래서 입수 전

비치 브레이크

에 항상 해변에서 바다를 보고, 어디쯤에서 파도를 타야 좋은지 관찰해야 한다. 서퍼들끼리는 곧잘 해변의 지형지물을 활용하여 위치를 이야기하는데, 예를 들어 '오늘은 첫 번째 가로등과 시계탑 사이에서 타면 좋아.'와 같은 식이다.

　해외에서는 비치 브레이크에 모래가 쌓인 구역을 '샌드바(Sandbar)' 또는 '뱅크(Bank)'라고 부르고, 한국에서는 '모래톱'이라고 한다. 비치 브레이크에서는 태풍이 지나가거나 큰 파도가 몇 번 밀려오면 순식간에 뱅크가 이동해서 하루아침에 파도가 좋았던 위치가 바뀌고는 한다. 그런가 하면 계절에 따라 밀려오는 스웰의 지속적인 영향을 받아 일정한 방향으로 뱅크가 조금씩 이동하기도 한다. 어제까지는 '가로등과 시계탑 사이'에서 좋은 파도를 만났더라도, 오늘은 '편의점과 화장실 사이'에서 좋은 파도를 만나게 될 수도 있는 것이다.

리프 브레이크(Reef break)

해저 지형이 바위나 산호로 이루어진 서핑 스팟을 '리프 브레이크'라고 한다. 파도가 크게 일렁여도 해저 지형이 변하지 않기 때문에 거의 동일한 위치에서 비슷한 힘과 속도로 파도가 깨진다.

　리프 브레이크는 바닥이 단단하며 날카롭기 때문에 안전에 특별히 주의를 기울여야 한다. 특히 파도에 감겨 바닥에 내팽개쳐지면 몸도, 보드도 리프에 크게 다칠 수 있다. 바다로 들어가거나 서핑을 마치고 나올 때, 보드에 엎드려 패들을 할 수 없을 정도로 수심이 얕은 구간을 걸어서 이동하다가 발을 다치는 경우도 허다하다.

리프 브레이크

서퍼들은 리프에 살이 찍히거나 베이는 것을 '리프컷(Reef cut) 당했다'고 표현한다. 특히 수온이 따뜻한 지역에서는 전신 슈트를 입지 않고 비키니만 입거나 보드숏 차림으로 서핑을 즐기기 때문에 리프컷을 당할 위험이 더 커진다. 국내에는 리프 브레이크가 거의 없긴 하지만, 종종 갯바위에 붙은 따개비나 홍합에 의해 부상을 당할 수 있으므로 방심하지 말자.

서핑 명소로 트립을 가게 되면 리프 브레이크에서 서핑을 하는 것이 굉장히 흔한 일이다. 만약 서핑 트립을 준비하기 전에 가고자 하는 지역이 리프 브레이크임을 확인했다면, 수온에 알맞은 전신 슈트뿐만 아니라 발을 보호해 주는 '리프 슈즈'까지 챙기는 것이 좋다. 리프 슈즈는 바닥이 두터운 고무로 되어 있어 발바닥을 보호하는 기능을 갖추고 있다. 사방이 얇은 네오플랜 소재로 만들어진 일반 아쿠아 슈즈와는 차이가 있으므로, 해맑게 아쿠아 슈즈를 신고 리프를 밟았다가 성게 가시에 찔려 고통받는 불상사가 생기지 않도록 하자.

만약 리프 슈즈를 챙기지 못했다면 바다에 들어오고 나갈 때는 발바닥이 다치지 살금살금 걷고, 물에 빠졌을 때도 발은 물론 신체가 바닥에 닿지 않도록 주의해야 한다. 언제 리프 브레이크에서 서핑하게 될지 모르니, 비치 브레이크에서 서핑을 할 때도 물에 빠졌을 때 발을 딛지 않고 보드 위에 오르는 습관을 들이도록 하자.

포인트 브레이크(Point break)

'대체 불가 킬러 원탑' 키아누 리브스가 리즈 시절 햇병아리 형사 역할로 출연하여 서퍼로 추정되는 은행 강도단을 잠입 수사하는 내용의 영화 <폭풍 속으로>를 아는가? 서퍼라면 한 번은 꼭 봐야 하는 이 레전드 영화의 원래 제목은 서핑 용어인 '포인트 브레이크 (Point break)'이다. (전문용어인 제목이 대중의 이목을 끌기 어려울 것 같아 수입사에서 좀 더 강렬한 제목으로 바꿔 국내에 개봉한 모양이다.)

'포인트 브레이크'란 일정한 위치에서 일정한 방향으로 파도가 깨지는 것을 의미한다. 보통은 해안선이 육지 방향으로 들어가 있는 만이나 바다 방향으로 튀어나온 곳의 형태에서 급격히 꺾이는 해안선을 따라 일정한 방향으로 파도가 깨진다. 인공 구조물인 제방이나 방파제에 의해 파도가 일정한 형태로 깨지기도 한다. 해안선의 급격한 변화가 없어도 해저 지형에 의해 일정하게 파도가 깨지는 곳 역시 '포인트 브레이크'라 부른다.

포인트 브레이크는 동일한 형태의 파도가 계속 밀려오기 때문에 파도를 예측하기가 쉽고, 반복적인 훈련이 가능하므로 인기 있는 서핑 포인트가 될 수밖에 없다. 하지만 수많은 서퍼들이 같은 위치에서 좋은 파도를 노리고 있을 테니 그만큼 치열하게 경쟁을 해야 한다.

리버 마우스(River mouth) '리버마우스'란 국내에서는 '삼각지'라고 부르는 지형으로, 강 하구에 퇴적물이 켜켜이 쌓여 얕아지면서 파도가 깨진다. 수심이 얕기 때문에 다른 곳에 파도가 작을 때에도 비치 브레이크 보다 서핑하기 좋은 파도가 들어올 확률이 높다. 강과 바다가 만나는 지역이어서 수온이 조금 낮고 어장이 풍부하게 형성되어 몇몇의 해외에 있는 리버 마우스는 상어가 나타나는 것으로 유명하기도 하다. 폭우가 쏟아지면 강을 따라 부유물들이 떠내려오기 때문에 수질에 대한 염려가 있는 곳도 있지만, 서퍼들에게는 그저 서핑을 하기 좋은 지형일 뿐이다. 국내에는 낙동강 하구에 자리한 부산의 '다대포 해수욕장'이 가장 유명한 리버 마우스 포인트이다.

낯선 용어의 폭격에 혼란스러웠을 것이다. 그래도 서핑을 하다 보면 금방 익숙해질 내용들이므로 가볍게 읽어보고 차츰차츰 배워가길 바란다.

리버 마우스

알 면 비 로 소 보 이 고 느 껴 지 는
파도의 명칭과 특징

　　　　　가족이나 친구와 함께 등산을 해본 경험을 떠올려 보자. '산등성이'를 따라 '산봉우리'까지 올랐다가 다시 산에서 내려오면 '산자락'에 있는 식당에서 막걸리에 파전을 먹으며 등산을 마무리하게 된다. 산등성이, 산봉우리, 산자락과 같이 산의 위치마다 명칭이 있는 것처럼 바다의 너울지는 파도에도 위치에 따라 명칭이 있다.

1 | 파도의 위치에 따른 명칭

위치에 따른
파도의 명칭

　위치에 따른 특징을 배워보자. 파도를 더 빠르게 예측하여 서핑 기술들을 보다 쉽게 익힐 수 있을 것이다.

피크 *Peak*

　파도의 가장 높은 지점, 가장 먼저 파도가 깨지는 위치를 '피크(Peak)'라고 한다. 산봉우리와 유사한 지점이다. 피크에서는 파도의 힘이 좋기 때문에 숙련된 서퍼라면 패들을 거의 하지 않고도 파도를 잡을 수 있다. 하지만 그만큼 파도의 힘이 세고 빨라서 위험을 감수해야 하는 지점이기도 하다.

　피크를 잘 파악하고 있어야 어디쯤에서 파도가 잡히고, 어느 방향으로 파도를 탈지 예측할 수 있다. 피크에서 가장 가까운 서퍼에게 파도의 우선권이 주어진다. 그러므로 서핑 중에는 항상 피크를 잘 확인하도록 하자.

위치에 따른 파도의 명칭

184

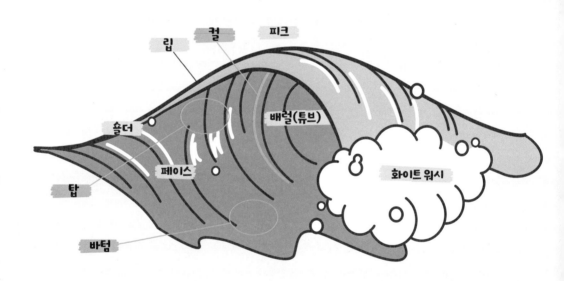

립 *Rip*

이상적인 경우 피크에서 파도가 깨지기 시작하면 순차적으로 파도가 깨져 나가기 시작할 것이다. 파도의 높은 부분들이 연결되는 등성이에서 가장 높은 지점의 날을 '립(Rip)'이라고 한다.

힘이 좋아 격한 기술들을 구사할 수 있는 위치지만, 다음 동작을 해내지 못하면 립에 걸려 해변 방향으로 던져지게 된다. 파도의 힘은 상상 이상으로 강해서 립 위에서 떨어지면 그것으로 끝나는 것이 아니라 소위 '통돌이'를 당하게 된다. 마치 드럼통 세탁기 속에 던져진 빨랫감처럼 서퍼와 보드가 동시에 파도가 말리는 모양을 따라 끌어올려졌다가 바닥으로 패대기쳐지는 것을 서퍼들은 '런드리(Laundry, 세탁) 당했다, 통돌이 당했다'고 한다. 서핑을 하다 보면 파도의 크기와 상관없이 누구나 한 번쯤은 통돌이의 매콤한 맛을 경험하게 된다. 그만큼 립은 파도에서 힘이 강력한 부분이다.

페이스 *Face*

파도가 깨지기 전의 경사진 면을 '페이스(Face)'라고 한다. 서핑할 때 서퍼들은 페이스 위를 타게 된다. 페이스의 위아래를 오르내리며 위치 에너지를 이용하여 속도를 낸다. 한국 서퍼들은 '페이스'라는 표현 대신 '면'이라는 표현을 더 많이 사용한다. 예를 들어 "오늘은 파도 면이 깨끗했어." 또는 "파도 면이 지저분해." 이런 식으로 말이다.

컬 *Curl*

'컬(Curl)'은 파도가 깨지기 직전 또는 깨지는 순간에 생기는 립과 면 사이의 오목한 구간이다. 캠코더를 쥐듯 손가락을 구부려 보자. 손톱이 '립'이라면 손바닥은 '페이스', 손가락 관절이 구부러진 구간이 '컬'이라고 이해하면 쉽다.

컬이 어느 정도는 있어야 보드가 아래로 기울어지면서 중력으로 파도의 면을 타고 내려갈 수 있다. 컬의 정도는 서퍼와 서프보드에 따라 주관적이지만, 컬이 너무 강하면 테이크 오프의 난이도가 올라가고, 컬이 거의 없으면 타고 내려갈 경사가 없어 파도를 잡기가 어려워진다.

한국 서퍼들은 보통 컬의 경사를 '서다'와 '눕다'라는 어휘를 써서 표현한다. 예를 들어 컬이 많이 굽어 있으면 '컬이 완전 섰어, 컬이 날카로웠어.' 라는 식으로 표현하고, 컬이 완만하면 '컬이 누워서 파도가 잘 안 잡힌다.' 라고 말한다.

컬이 가장 서 있는 구간을 '포켓(Pocket)', '파워존(Power zone)'이라고도 부른다. 파도의 힘이 가장 강렬한 구간이기 때문에 숙련된 서퍼들은 이 구간에 머무르면서 파도의 힘을 온전히 사용하여 서핑한다.

배럴 *Barrel*

컬의 반경이 커지면 파도 속에 원통 모양의 공간이 생기는데, 이것이 '배럴(Barrel)' 또는 '튜브(Tube)'이다. 그리고 그 안을 서퍼가 통과하는 것을 '배럴 라이딩' 또는 '튜브 라이딩'이라 부른다.

배럴

탑 *Top*

　페이스에서 립에 가까운 높은 구역을 '탑(Top)'이라고 부른다. 위치 에너
지를 갖고 있는 지점이다.

바텀 *Bottom*

　파도가 산이라면 산자락에 위치하는 지점, 파도의 아래 밋밋하게 경사가
사라지는 부분을 '바텀(Bottom)'이라고 부른다. 경사가 작고 위치도 낮지만,

물이 끌어올려지는 힘이 자리하는 곳이다. 바텀에서 파도의 힘을 잘 활용하면 다시 립까지 올라가는 것이 가능해져서 고난도의 기술들을 구사할 수 있다.

숄더 *Shoulder*

피크에서 립을 지나 경사는 있지만 비교적 힘이 약해진 구간을 '숄더 (Shoulder)'라고 한다. 파도의 숄더 구간에서 가만히 떠 있다면, 파도는 서프보드 아래로 넘실거리며 지나갈 것이다. 숄더는 피크와 립보다 완만하기 때문에 초·중급자가 테이크 오프나 기술을 시도하기에 무난한 구간이다.

하지만 피크나 립에 비해 힘이 약해 패들을 좀 더 강하게 해야 하고, 테이크 오프 후에 너무 조급하게 달려 나가면 피크와 멀어져 힘이 사라지고 파도가 끝나버릴 수 있다. 또 이미 피크에서 누군가가 파도를 잡아 면을 달려오고 있는데 숄더에서 파도를 잡아 드랍 인을 하게 되면, 서핑 룰을 깨뜨림과 동시에 위험한 상황이 발생할 수도 있다.

그렇기 때문에 숄더에서 머무르며 테이크 오프를 시도하면 누가 오나 안 오나 계속 눈치를 봐야 한다. 실력이 향상한다면 피크 가까이에서 파도를 잡고 기술을 연습하는 습관을 들이도록 하자.

화이트 워시 *White wash*

파도가 깨져서 생기는 하얀 거품을 '화이트 워시'라고 한다. '수프

(Soup)', '폼(Foam)'이라 부르기도 하는데, 한국 서퍼들은 '거품'이라 부른다.

특히 평평한 지점 위로 파도가 계속 부서지면서 화이트 워시가 생기는 구역을 '임팩트 존(Impact zone)'이라고 한다. 파도의 모든 위치 에너지가 쏟아지면서 수면 아래로 누르는 힘과 수면 위의 부글거리는 거품들이 급류로 휘몰아친다.

그래서 이 구역에 갇히게 되면 탈출하는 데 꽤나 애를 먹고 체력을 급하게 소진하게 된다. 운이 나쁘면 보드가 반토막이 나는 경우도 있다. 임팩트 존에 갇혔다면 거품과 맞서지 말고 화이트 워시가 없는 곳으로 이동하여 다시 라인업을 시도하는 것이 좋다.

반면에 바다에서 해변으로 향하는 몇 가지 경우에는 화이트 워시가 큰 도움이 되기도 한다. 임팩트 존을 넘어가지 않아도 된다면 초보자들에게는 최적의 테이크 오프 연습 구간이다. 파도가 깨진 직후의 거품을 타는 연습을 해보자. 앞으로 쭉쭉 나갈 것이다.

임팩트 존에 갇혔을 때와는 반대로 해변으로 나가고 싶은데 내가 있는 위치에 파도가 오지 않는다면, 화이트 워시가 있는 곳까지 패들을 해서 화이트 워시를 맞으면서 해변까지 밀려 나가면 된다.

서핑을 마무리할 때 해변까지 화이트 워시를 쭉 타고 나가는 파도를 '퇴근 파도'라고 부른다. 보드 위에 서서 끝까지 타기도 하고, 보드의 노즈 쪽에 좀 더 무게를 싣기 위해 엎드려서 해변까지 나오기도 한다. 서핑을 재밌게 즐기고 신나게 퇴근 파도를 타면 정말 회사에서 퇴근하는 것처럼 개운하면서도 기분이 상쾌해진다.

그린 웨이브 *Green wave*

'그린 웨이브'는 화이트 워시로 부서지기 직전의 너울로 솟은 파도를 뜻한다. 화이트 워시도 서프보드를 밀어주는 힘이 충분히 있지만 그린 웨이브를 탈 수 있어야 파도의 페이스를 타는 사이드 라이딩을 할 수 있다.

발리에서 처음 화이트 워시를 졸업하고 그린 웨이브를 탔던 날이 아주 또렷하게 기억난다. 인스트럭터의 구령에 맞춰 패들을 하다가 '업(Up)!'이라고 하는 순간, 해변을 바라보며 두 다리에 힘을 주어 보드 위에 일어섰다. 뒤통수를 때리듯 갑자기 훅! 하고 밀어버리던 화이트 워시에서의 테이크 오프와 다르게, 테일부터 노즈까지 차츰차츰 힘이 전달되면서 해변을 향해 쭈욱~ 밀려 나가는 그린 웨이브의 느낌은 정말 부드럽고 깨끗하며 짜릿했다.

화이트 워시에서 보드가 앞으로 나가는 느낌과 테이크 오프 동작을 충분히 체득했다면 그린 웨이브를 타는 훈련을 시작해 보자. 그린 웨이브를 타는 순간, 서핑의 새로운 경지가 열릴 것이다.

2 | 라이트 핸드와 레프트 핸드

파도는 부서지는 방향에 따라서 부르는 명칭이 다르다. 파도의 방향은 서핑을 하는 서퍼를 기준으로 정해진다. 바다에서 해변을 바라보고 오른쪽으로 진행한다면 '라이트 핸드 파도', 왼쪽으로 진행한다면 '레프트 핸드 파도'라고 하는데, 줄여서 '라이트 파도', '레프트 파도'라고 부른다.

라이트 핸드

레프트 핸드

비치 브레이크에서는 파도의 방향이 그때그때 달라질 수는 있지만, 포인트 브레이크의 경우에는 파도가 한 방향으로 일정하게 깨진다. 그래서 깨지는 방향에 따라 '레프트(핸드) 포인트'라거나 '라이트(핸드) 포인트'라고 부른다. 호주의 벨스 비치는 대표적인 라이트 핸드 포인트이며, 발리의 울루와투는 레프트 핸드 포인트이다.

또는 파도를 등지고 탈 때 '백사이드', 파도의 면을 보고 타게 되면 '프론트 사이드'라고 부른다. 이는 서퍼의 스탠스에 따라 달라진다. 예를 들어 레귤러 스탠스의 서퍼에게는 '레프트 파도'가 '백사이드', '라이트 파도'가 '프론트 사이드'가 된다.

3 │ 오버 헤드와 투 헤드

서퍼들은 신체를 기준으로 파도의 높이를 표현하는데, 사람 키를 조금 넘는 높이의 파도를 '오버 헤드(Over head)', 사람 키의 두 배 가까이 되는 파도는 '투 헤드(Two head)'라고 한다.

키를 넘어가지 않는 파도여도 '가슴 정도', '어깨 정도'와 같은 식으로 신체에 빗대어 높이를 설명한다. 파도가 찰박거리는 날은 '발목 파도'라고 부르기도 한다. 초보 때는 보통 무릎부터 가슴까지 정도의 파도에서 연습하는 것을 추천한다. 어린아이와 성인은 신장 차이가 있기 때문에 상대적일 수도 있지만, 일반적으로는 성인의 키를 기준으로 표현한다.

192

서퍼들이 파도 크기를 표현하는 방식

193

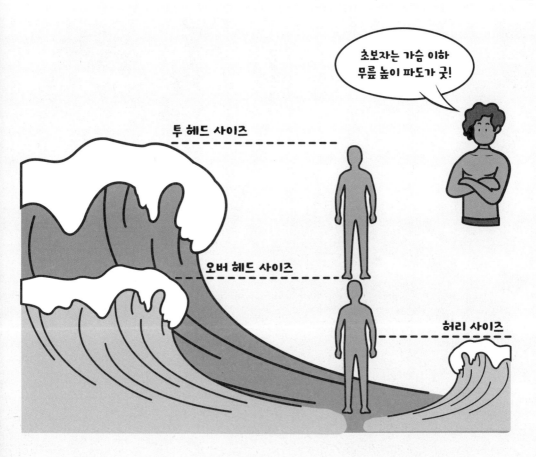

서핑에 대한 애착 증가

장비 구입 순서와 요령

대여한 장비로 서핑을 즐기다가 서핑이 재미있어지면서 서핑하는 빈도가 늘어나면 나만의 장비를 구입하고 싶어지는 시기가 올 것이다. 이때 많은 초보 서퍼들은 어떤 장비를 먼저 사야 할지 깊은 고민에 빠진다. 일 년 내내 따뜻한 나라의 바닷가 앞에 살고 있어 보드숏만 걸치고 걸어서 바다에 가는 친구들에게 서핑은 헝그리한 스포츠일 것이다. 하지만 사계절이 있고 바다가 멀어 교통비와 숙박비까지 걱정해야 하는 대부분의 한국 서퍼들에게는 서핑을 헝그리하게 즐기기란 쉽지 않은 미션이다. 그런 이유로 국내 서퍼들은 어떤 장비를 먼저 사야 효율적일지를 고민하게 된다.

대여 장비가 아닌 나만을 위한 맞춤 장비를 마련하고 나면 이전에 안되던 기술도 갑자기 되는 것 같고, 몸에 착착 감기는 장비의 맛에 감탄하며 서핑에 더 큰 애착이 생긴다. 서핑에 대한 애착은 서퍼를 더욱 자주 바다로 부르고, 바다를 자주 찾는 만큼 실력도 상승하게 되므로 실력에 맞는 또 다른 장비를 찾게 만든다.

아무튼 기본 기술들이 가능해지면 서핑의 재미를 위해(멋과 개성을 위해서도) 개인 장비를 마련하는 것이 좋다. 국내를 기준으로 어떤 장비부터 어떻게 고르면 좋을지 알아보도록 하자.

1 ｜ 웻슈트(서핑슈트)

가장 먼저 구입하면 좋은 장비는 바로 웻슈트(서핑슈트)다. 한국에서는 바닷가 앞에 살고 있어 교통비와 숙박비 걱정이 없다 할지라도 계절별로

ⓒ 사진제공 레가시 웻슈트

수온과 기온에 따라 다양한 웻슈트를 입는다.

웻슈트는 가지고 있어야 한다. 웻슈트와 서프보드를 둘 다 한 번에 살 수 있다 해도 말리지는 않지만 서프보드를 사는 문제는 조금 더 긴 시간을 두고 고려하는 것이 좋다. 우선은 확실히 필요하면서도 비교적 가격이 저렴한 웻슈트부터 구입하는 것을 추천한다.

웻슈트는 체온 유지뿐만 아니라 자외선 차단, 핀이나 리프에 의한 부상도 예방하기 때문에 초보일 경우 더욱더 잘 갖춰 입어야 한다. 나 역시 붐비는 서핑 스팟에서 서핑을 하다가 다른 사람의 보드에 깔려 슈트가 찢어지고 피멍이 드는 부상을 당한 적이 있다. 슈트를 입지 않았다면 핀에 창상을 입어 피가 철철 나서 병원으로 달려가 살을 꿰매고, 살이 붙을 때까지 서핑을 할 수 없었을 것이다. 비싼 맞춤슈트여서 마음은 무척 쓰라렸지만 그래도 슈트를 입고 있어서 천만다행이었다. 입고 벗는 것이 번거롭더라도 슈트를 착용해야 서핑을 안전하게 오랫동안 즐길 수 있다.

서프샵에서 빌려주는 서핑슈트는 보편적인 체형과 체질을 기준으로 구비되어 있다. 개인의 체형과 체질에 맞춘 서핑슈트를 구입하면 서핑의 동작들이 훨씬 편해지고, 적정한 체온을 유지하며 서핑을 즐길 수 있다. 웻슈트는 구입하고자 하는 시기의 기온과 수온을 고려하여 2장에서 소개한 웻슈트의 내용을 참고해 구입하길 바란다.

2 │ 서프보드

다음으로 구입해야 하는 것은 서프보드이다. 서프보드는 소프트탑 롱보드로 연습을 하다가 본인이 원하는 파도와 타이밍에 파도를 잡는 횟수가 늘어나고 사이드 라이딩이 가능해지면 구입을 고려해 보자.

처음 새 보드를 구입하기 전에 추천하는 방법은 서프샵에서 렌트해 주는 다양한 하드보드를 경험해 보는 것이다. 같은 길이의 보드일지라도 레일의 두께, 테일의 형태, 라커의 정도, 바텀의 물길 등에 따라 보드 위에서의 느낌이 많이 다를 수 있다.

여러 보드를 빌려 타다가 본인과 잘 맞는 보드를 찾게 되면 그와 유사한 보드를 구입하는 것이 가장 좋다. 보드를 판매하는 브랜드 중에서는 시승이 가능한 데모 보드를 구비하고 있는 경우도 있으므로 관심이 있는 보드가 있다면 데모 보드를 먼저 시승해 보는 것도 방법이다.

다음으로 추천하는 방법은 본인이 원하는 스타일에 가까운 중고 보드를 구입하는 것이다. 남들이 아무리 좋은 보드라고 해도 본인의 스타일, 실력, 취향에 맞지 않으면 몇백만 원이 넘는 보드는 그저 비싼 장식품이 된다.

우선 본인이 앞으로 추구하고 싶은 스타일을 먼저 고려한다. 좋아하는 서퍼를 따라가도 괜찮고, 나의 성격이나 성향을 고려하거나 서핑을 자주 할 지역의 파도 성향을 쫓아가도 좋다.

그렇게 스타일을 정했다면 그중에서도 다양한 모델을 둘러봐야 한다. 묵직한 움직임의 클래식 스타일을 원한다면 그런 움직임이 가능한 형태의 보드들을 후보로 두고 그중에서 고른다. 날렵한 퍼포먼스를 원한다면 퍼포먼스에 유리한 형태를 가진 보드 중에서 고민하면 된다. 그 안에서도 초보 기술을 익힐 수 있는 모델을 선택한 후, 본인이 원하는 색감, 패턴 등을 갖춘 보드를 최종적으로 고른다.

198

다양한 서프보드

　　주변에서 서프보드를 판매하시는 사장님들의 고충 중 하나는 정말 많은 고객들이 본인의 스타일과 실력을 따라가는 것이 아니라, 색감과 패턴에 마음을 뺏겨 서프보드를 덥석 지르는 것이다. 몇백만 원의 서프보드가 뭐든 팔리면 좋은 거 아닌가 싶겠지만 그렇지 않다. 색깔과 패턴만 보고 보드를 구입한 고객의 대부분이 정작 바다에서 서핑을 재미있게 즐기지 못해 보드 판매자들을 원망하기 때문이다. 물론 보기에 예쁜 보드가 나를 예쁘게 태워줄 확률도 아예 없진 않지만 흔한 경우는 아니다. 파도가 오는 날 원하는 대로 재밌게 서핑을 못하면 그렇게나 예뻤던 보드도 결국 애물단지가 될 수밖에 없다. 중고 보드 시장에서 상급 포식자들에게 제물을 바치고 싶지 않다면 서프보드의 스펙을 신중하게 고려하여 구입하자.

　　아직 스타일을 추구하기에 이르다고 판단되면 전반적인 기술들이 가능한 올라운드 보드를 구입하는 것도 방법이다. 기본적인 사이드 라이딩, 턴 등의 기술을 익히면서 주변의 여러 서퍼들과 서핑 영상들을 통해 자신이 원하는 스타일을 찾아 나가면 된다. 비교적 적은 비용으로 중고 보드를 구입하여 타보면서 자신의 스타일과 실력을 갖춰가다 보면, 언젠가 원하는 스타일의 보드를 발견하거나 원하는 스펙의 보드를 주문 제작하여 소유할 수 있게 될 것이다.

　　서프보드의 움직임에 차이를 주는 요소들을 세세하게 짚다가는 지나치게 복잡해진다. 그러니 전반적인 서프보드의 형태를 짐작할 수 있는 길이, 너비, 부력과 그 외에 몇 가지만 간단히 알아보자.

중고 서프보드를 구입하는 것은 중고차를 구입하는 것과 같다. 보드가 부러졌거나 깊게 패여 물이 잔뜩 들어갈 정도의 큰 사고 이력이 없는지를 판매자에게 확인한다. 그리고 왁스를 깨끗하게 벗겨서 상처 난 곳(딩)은 없는지도 사전에 체크해야 한다. 그런가 하면 보드의 브랜드와 모델에 따라 판매자가 제시한 중고가가 시세에 비해 적절한지도 판단이 필요하다. 무엇보다 중고 서프보드를 구입하는 가장 현명한 방법은 자신보다 서핑에 대한 지식이 해박한 서퍼에게 조언을 구하는 것이다.

서프보드의 길이

서프보드의 길이가 길어질수록 파도가 밀어주는 시간이 길어지기 때문에 파도를 잡기에 유리하다. 하지만 파도를 잡기 유리하다고 너무 긴 보드를 구입하면 그만큼 무게가 늘어나고 움직임이 둔해지기에 턴이나 다른 기술을 구사하기 어렵다. 무엇보다 해변으로 보드를 들고 가는 순간부터 많은 에너지가 소모되어 보드를 타고 싶은 마음이 사라지기 마련이다. 그렇게 실제로 바다에 들고 나가는 횟수도 줄어들게 될 것이다.

소프트탑 롱보드를 졸업하고 숏보드를 바로 구입하는 경우라면 너무 짧은 길이에서 시작하는 것은 추천하지 않는다. 물론 짧은 길이에서 본인의 체력과 근성으로 기술을 만들어가는 몇몇 초인도 있긴 하다. 그러나 자세가 잡히지 않은 상태에서 기술만 되는 경우, 기술에 성공하는 데 급급하여 멋과 스타일을 갖추기 어렵다.

한번 자리 잡은 자세는 이후에 고치기가 굉장히 어렵다는 것을 반드시 기억하자. 처음 숏보드에 입문한다면 6.4~6.7ft 정도의 길이에서 균형을 잡고 패들하는 연습을 먼저 해보기를 바란다.

서프보드의 너비

서프보드의 스펙에 적혀 있는 서프보드의 너비는 보드에서 폭이 가장 넓은 부분의 너비를 말한다. 서프보드가 넓을수록 보다 안정적이라고 보면 된다. 하지만 너비가 너무 넓어지면 패들을 할 때 팔이 들어가는 깊이가 얕아져 패들이 불편하거나, 보드 위에 섰을 때 발가락으로 레일을 누르는 힘을 전달시키기가 어렵다. 반대로 지나치게 폭이 좁은 보드는 패들을 하거나 보드 위에 일어섰을 때 균형을 잡기 어려우므로 본인의 체형과 실력에 맞는 너비를 찾도록 하자.

서프보드의 부력

서프보드의 스펙을 언급할 때 가장 기본적인 요소는 길이와 부력이다. 길이와 부력만 듣고도 대충 각이 나온다고 해야 할까. 하지만 서프보드의 길이와 부력이 동일하더라도 형태나 소재 등에 따라 움직임이 달라지기 때문에 길이와 부력만 듣고 섣부르게 판단하는 것은 바람직하지 않다.

일반적으로 부력이 높다면 물 위에 떠 있을 때 훨씬 안정적이며 패들도 수월할 것이다. 부력을 결정할 때는 개인의 신장과 체중이 고려되어야 한다. 무게가 많이 나간다면 당연히 부력이 높은 보드가 유리하다. 하지만 과도한 부력은 보드를 원하는 만큼 잠기게 하는 데 적합하지 않아서 날렵하거나 섬세한 기술을 순발력 있게 구사하기 어렵게 만든다.

테일의 형태

테이크 오프를 할 때 서프보드에서 가장 먼저 파도가 닿는 테일의 형태
역시 서프보드의 성향을 결정하는 대표적인 요소 중 하나이다. 예를 들어
파도가 잘 잡히기를 원한다면 파도가 닿는 면적이 넓은 스퀘어 테일 또는
피시 테일을 추천한다. 턴이 잘 되기를 원한다면 둥그스름한 형태의 라운
드 테일이 유리할 것이다. 이처럼 본인이 추구하는 스타일에 따라 테일의
형태를 결정하면 된다.

3 | 그 외의 장비들

핀

서프보드를 구입했다면 그에 맞는 핀 역시 함께 구비해야 한다. 서프보
드의 테일 바텀에 장착되는 핀은 방향 전환, 안정감, 속도, 그리고 때에 따
라 재미 등을 좌우한다. 핀의 형태, 개수, 소재 등에 따라 라이딩의 느낌이
크게 달라진다. 그래서 핀에 대해 어느 정도 알고 있다면 하나의 보드에 핀
세팅만 바꿔가며 다른 느낌의 서핑을 즐길 수도 있다.

핀도 서프보드와 파도처럼 각각의 부위에 명칭이 있다. 보드 바텀에 닿
는 부분의 길이를 '베이스(Base)'라고 하는데, 베이스가 길면 속도를 내기
유리하고, 짧으면 회전에 유리해진다. 핀이 뒤로 휘어진 성노는 '레이크
(Rake)'라고 한다. 레이크가 작으면 속도를 내기에 유리하고, 크면 회전에

203

204

테일의 형태에 따라 서프보드의 성향이 달라진다.

유리하다. 베이스에서부터 핀의 가장 끝부분까지를 '높이(Height)' 또는
'길이'라고 한다. 흔히 핀의 크기는 길이로 이야기하는데 핀이 길수록 제어
력과 안정성이 향상되고, 짧을수록 급격한 기술을 구사하는 데 유리하다.

　핀을 분류하는 방식도 다양하지만, 크게 세 가지만 알아두자.

　먼저 핀을 장착하는 개수에 따라 분류하는 방식이 있다. 하나만 장착할 경우
싱글(Single), 두 개는 트윈(Twin), 세 개는 트러스터(Thruster), 네 개는 쿼드
(Quad)와 같은 식이다. 테일 바텀에 비교적 길고 넓은 형태의 핀을 한 개만
장착하는 싱글핀은 클래식 스타일의 롱보드에 주로 사용한다. (물론 기존의

핀의 생김새에 따라 라이딩의 특징이 달라진다.

틀을 깨고 다양한 길이에 싱글핀을 접목하는 실험적인 조합도 있다.) 핀의 개수가 적은 만큼 정확한 방향성을 갖고 있어 직선으로 라이딩을 할 때 확실한 속도를 느낄 수 있다. 가장 보편적으로 사용되는 트러스터의 경우 같은 크기의 핀을 테일 바텀 중앙에 하나, 그보다 조금 앞쪽의 측면에 각각 하나씩 장착한다. 핀의 개수가 늘어난 만큼 안정성이 높아지고, 측면의 핀들이 회전을 유리하게 만들어 빠른 턴을 만들기에 적합하다.

　크기에 따라 핀을 분류할 수도 있다. 서퍼의 키와 몸무게, 보드의 성능, 파도의 크기에 따라 핀을 선택해야 한다. 일반적으로 몸이 무겁고 키가 크다면 그만큼 큰 핀을 선택해야 한다. 보드가 크고 파도도 크다면, 이 역시 큰 핀을 선택해야 핀이 적절하게 작동하는 것을 느낄 수 있을 것이다. 시중에

1 싱글　2 트윈　3 트러스터　4 쿼드

판매되는 핀들은 스몰, 미디움, 라지 등으로 구분되어 있으므로 본인의 상황에 맞는 크기를 선택하도록 하자.

핀의 브랜드에 따라서도 분류가 되는데, 이것은 어떤 브랜드를 선호하느냐가 아니라 핀이 장착되느냐, 되지 않느냐의 꽤 중요한 문제다.

현재 서핑용품 시장에서 핀은 크게 '에프씨에스(FCS)'와 '퓨쳐(Future)' 두 가지로 나뉘는데, 브랜드에 따라 장착하는 방식에 차이가 있다. FCS에도 FCS1과 FCS2 두 종류가 있다. FCS1은 두 개의 홈에 핀을 끼운 다음 나사를 고정하는 방식이고, FCS2는 두 개의 홈에 나사 없이 고정하는 방식이다. 반면에 퓨처는 단 하나의 기다란 홈을 사용하여 핀을 장착한다.

본인이 타려는 보드에 어떤 형식의 핀박스(핀을 설치하는 곳)가 설치되어 있는지를 잘 확인하고 핀을 선택해야 한다. 또는 같은 서프보드 모델 중에서 본인이 기존에 갖고 있는 핀에 맞춰 구입하는 것도 가능하다.

FCS1, FCS2, 퓨처핀

리쉬코드

서퍼와 서프보드를 연결해 주는 리쉬코드는 서프보드의 길이에 가까운 길이를 장착한다. 6ft 전후의 보드를 탄다면 6ft의 리쉬를, 9ft 전후의 보드를 탄다면 9ft의 리쉬를 착용하면 된다.

일반적으로 발목에 착용하지만, 클래식 스타일의 롱보드를 탈 때 보드 위를 걷는 로깅 기술을 보다 유연하게 구사하기 위해서 종아리에 착용하는 리쉬도 있다. (분명 종아리에 착용하지만, 한국에서는 '무릎 리쉬'라고 부른다.) 서핑을 하다 보면 피부가 태양에 그을려 리쉬 자국만 하얗게 종아리나 발목에 남는 경우가 있다. 이러한 리쉬 자국은 대화를 나누지 않아도 서퍼들의 내적 친밀도를 높이는 요소가 되기도 한다.

서프보드와 핀은 중고로 구입하여 다양한 구성으로 서핑을 즐겨보는 것이 좋지만, 중고 리쉬코드를 구입하는 것은 추천하지 않는다. 보이지 않는 부분에 스트레스를 받아 작은 충격에도 망가질 수 있으므로 가능하면 리쉬코드는 새 제품으로 마련하자.

서프왁스

서프왁스(Surf wax)는 발바닥과 서프보드 사이에 접착력을 만들기 위해 데크에 바르는 제품이다. 미끄럼 방지를 위해 요철이 새겨진 고무 소재로 덮여 있는 소프트탑과 달리, 레진 코팅으로 마감된 하드보드가 물에 닿으

서퍼들의 내적 친밀감

면 상당히 미끄럽기 때문에 서프왁스를 발라 보드 위에서 미끄러지는 것을 방지한다.

서프보드에 왁스를 바르는 행위는 그날의 파도에서 최고의 라이딩을 기대하는 서퍼들의 경건한 의식이기도 하다. 노즈 끝까지 꼼꼼하게 왁스를 바르고 오돌도돌 잘 올려진 왁스를 쓰다듬으며, 보드의 노즈를 밟는 행파이브 기술에 성공하길 기도한다.

왁스를 제대로 칠하지 않거나 바른지 오래되어 접착력이 떨어진 경우, 서핑 중에 미끄러져 부상을 당할 수 있고 원했던 기술에 실패할 수도 있다. 나 역시 눈앞의 파도에 마음이 급해져서 왁스를 대충 바르고 들어갔다가,

서핑 전에는 항상 서프보드 탑에 왁스를 칠해 미끄러움을 방지한다.

테이크 오프 할 때부터 손이 미끄러져 최고의 파도를 망쳐버린 적이 허다하다. 무사히 보드 위에 일어서더라도 발이 미끄러져 가랑이가 찢어질 뻔한 적도 있고, 파도를 뚫고 가야 할 때 보드가 미끄러워 손에서 보드를 놓친적도 있다. 왁스를 제대로 칠하지 않으면 기술은 둘째치고, 나와 타인의 안전을 위협하는 상황들이 발생할 수 있다. 그러므로 아무리 눈앞에 그림 같은 파도가 손짓하더라도 왁스 칠은 절대 소홀히 하지 말자.

  왁스는 어떤 수온에 사용하느냐에 따라 트로피컬(Tropical), 웜(Warm), 쿨(Cool), 콜드(Cold)로 나뉜다. 그리고 가장 바닥에 깔아주는 베이스 왁스가 있다. 베이스 왁스를 가장 먼저 바른 다음 그 위에 그날의 수온에 맞는 왁스를

사진제공 토웍스©

발바닥에 찰떡
왁스 고르고 바르기

서프왁스

덧바른다. 브랜드에 따라 왁스별로 커버할 수 있는 수온에 약간의 차이가 있지만, 국내에서는 한여름에도 수온이 낮은 편이어서 여름에는 쿨, 겨울에는 콜드 왁스를 사용하면 된다. 만약 인도네시아의 발리처럼 더운 지역에서 서핑을 한다면 웜 또는 트로피컬 왁스를 바르게 될 것이다.

수온에 맞지 않은 왁스를 바를 경우 왁스가 너무 빨리 녹아 사라지거나, 반대로 딴딴해지면서 접착력이 없어질 수 있다. 어떤 왁스를 사용해야 할지 잘 모르겠다면 해당 지역의 서프샵이나 주변의 서퍼에게 물어보자.

방한 액세서리

한국은 기온과 수온차가 심하기 때문에 사계절 서핑을 하기 위해서는 수온에 따라 서핑슈트를 마련해야 한다. 수온이 더욱 낮아지면 풀슈트로 덮을 수 없는 손과 발, 머리를 보호하기 위해 별도의 액세서리를 착용한다. 일반적으로 네오플랜 소재로 되어 있는 장갑(글러브, Gloves), 부츠(Boots), 그리고 후드(Hood)를 착용하여 체온 손실을 막는다. 겨울에는 액세서리의 여부에 따라 물에 머무를 수 있는 시간에 큰 차이가 난다.

두툼한 방한 액세서리를 착용하면 감각이 둔해져 몸을 움직이기 어렵고, 무엇보다 입고 벗는 것 자체가 곤욕스럽다. 하지만 한국의 겨울에는 동쪽으로 기가 막힌 파도가 자주 들어오고, 여름과 비교하여 라인업이 한적하다. 그러니 추위 때문에 겨울 서핑을 포기하는 것은 아쉬운 구석이 있다. 겨울이 오기 전에 동절기 서핑슈트와 함께 액세서리를 미리 준비하여 한국의 맛도리 겨울 파도도 즐겨보길 바란다.

겨울 서핑을 할 때는 체온 유지를 위해 방한 액세서리를 반드시 착용해야 한다.

KEEP

SURFING

LEVEL

04

우 리 는

서 핑 이

필 요 해

11 서핑의 재미가 껑충!
다양한 서핑 기술

　　　　보드 위에 일어서서 해변을 향해 직진으로 라이딩하는 것이 더 이상 흥분되지 않을 정도로 자연스러워졌다면, 서핑을 더욱 신나게 만들어 줄 다양한 기술에 도전해 보자. 서퍼들은 파도를 더욱 길고 재밌게 즐기기 위해 다양한 기술을 개발하고 발전시켰다.

　일반적으로 서퍼들의 실력은 얼마나 다양한 기술을, 파도의 흐름에 맞춰, 과감하고 정확하게 구사하고, 다음 기술로 자연스럽게 연결하는지 등을 판단하여 평가된다. 그렇기 때문에 기술을 익혔다고 해서 곧바로 다음 기술로 넘어가는 것이 아니라, 하나의 기술을 계속해서 다듬어 가며 다른 기술들과 함께 연습해 나간다.

　서핑의 기술은 파도의 크기, 파도의 속도와 기울기, 바람의 세기 등 계속해서 변화하는 환경에 의존하기 때문에 그 감각을 익히기 쉽지 않다. 이것이 서핑이 다른 스포츠에 비해 실력이 빠르게 늘지 않는 슬픈 이유다. 하지만 지상과 물에서의 꾸준한 훈련은 분명 서퍼들을 성장시킨다. 특히 인공 서핑장과 같은 일정한 파도에서 훈련한다면 특정한 기술들에 대한 감각은 더욱 빨리 익혀질 것이다.

　기술을 익히는 재미에 빠져들기 시작하면 지구력, 순발력, 균형감각 등을 기르기 위해 다양한 지상 훈련을 하고 스케이트도 타는가 하면, 바다에 자주 입수하여 몸소 파도를 느껴가며 파도를 보는 눈을 기를 것이다. 또 동경하는 서퍼들의 영상을 보며 서프 버디들과 그들의 기술에 관해 분석하며 서로의 팁을 공유하기도 할 것이다. 이러한 노력을 통해 우리의 서핑은 훨씬 풍성해지고 재미있어질 거라 장담한다.

1 | 사이드 라이딩

　서핑 룰과 매너를 이야기할 때 잠깐 언급했던 '사이드 라이딩(Side riding)'을 기억하는가? 테이크 오프를 연습하는 시기에는 보통 파도와 테일을 정면으로 맞추고 해변을 바라보며 직진으로 라이딩을 한다. 이후 그린 웨이브를 잡아 테이크 오프가 익숙해지고 보드 위에서 어느 정도 안정적인 라이딩을 할 수 있게 되면, 이제 파도의 면(Face)을 따라 사이드 라이딩을 시도해 보자.

사이드 라이딩

사이드 라이딩을 할 때는 우선 파도가 어느 방향으로 깨지는지 확인해야 한다. 바다에서 해변을 바라보고 왼쪽에서 오른쪽으로 깨지기 시작하면 나 역시 오른쪽으로(라이트 핸드 파도), 오른쪽에서 왼쪽으로 깨지면(레프트 핸드 파도) 나 역시 왼쪽으로 라이딩을 해야 사이드 라이딩이 가능하다.

그다음에는 시선이 중요하다. 가고자 하는 방향으로 시선을 보낸 다음 어깨와 골반도 함께 방향을 맞춰주면, 점점 보드가 돌아갈 것이다. 보드를 돌리는 연습은 화이트 워시에서도 많이 시도해 보길 바란다. 화이트 워시에서 보드가 잘 돌아간다면, 그린 웨이브에서는 훨씬 더 쉽게 돌릴 수 있을 것이다.

파도의 탑과 바텀 사이의 중간 영역에서 파도의 힘을 느끼며 최대한 길게 라이딩을 이어가도록 해보자. 뒤에서 파도가 빨리 쫓아오면 앞발에 체중을 실어 속도를 내고, 파도가 천천히 부서지면 뒷발을 눌러 브레이크를 걸면서 파도의 속도에 나의 속도를 맞춰보자. 파도 위에 몸을 맡긴 채 눈앞에 파도 길이 쫙쫙 펼쳐져 길고 긴 롱 라이딩을 성공했을 때, 당신은 서퍼들이 흔히 '물뽕'이라 부르는, 헤어 나올 수 없는 서핑의 마성에 빠지게 될 것이다.

2 ｜ 업 다운

사이드 라이딩의 업그레이드 버전으로 '업 다운(Up & Down)'이 있다. 사이드 라이딩이 익숙해진 다음, 파도의 위치 에너지를 이용하여 속도를 빠르게 내기 위해 탑과 바텀을 오르내리는 기술이다. '기술'이라고 콕 짚어 말하기는 애매하지만, 서핑의 다양한 기술을 익히기 위해 반드시 거쳐야

하는 과정임은 틀림없다.

자세를 낮추어 보드를 누르며 바텀으로 내려갔다가 구부렸던 몸을 쭉 펴면서 탑으로 올라간다. 보드가 파도의 위아래로 업 다운이 되기 시작하면 점차 더 과감하게 내려갔다가 올라가면서 곡선을 크게 크게 만드는 연습을 해야 한다.

3 | 턴

라이딩 중에 서프보드의 진행 방향을 바꾸는 것을 '턴(Turn)'이라고 한다. 턴을 만드는 방법은 파도의 상황에 따라, 보드의 형태에 따라 다양하다. 턴을 할 때는 항상 시선이 가고자 하는 방향을 봐야 한다. 그래야 그 후에 어깨가 함께 돌아가고 하체가 따라가며, 마지막으로 보드가 돌아가게 된다.

컷백 Cut back

컷백은 사이드 라이딩을 하다가 파도의 힘 있는 구간을 벗어났을 때 다시 힘 있는 구간으로 보드를 돌리는 것으로, 서핑의 핵심 기술이라 할 수 있다. 가던 방향과 반대쪽으로 시선과 함께 팔과 어깨를 돌려 파도의 속도와 힘을 파악하여 원하는 지점까지 보드를 돌린다. 처음 컷백을 연습한다면 방향을 바꿔 파도가 부서지는 곳까지 노즈를 갖다 대는 연습을 하는 것이 좋다.

컷백을 할 때 파도의 속도나 기울기에 따라 뒷발로 테일을 눌러 보드가

짧은 반경으로 돌 수 있기도 하고(기본 컷 백), 보드의 레일을 사용하여 크게
8자를 그리며 보드를 돌릴 수도 있다. (라운드하우스 컷 백)

컷 백

탑 턴

탑 턴 *Top turn* 바텀 턴 *Bottom turn*

　파도의 립에서 보드의 방향을 바텀 방향으로 꺾으면 '탑 턴(Top turn)', 파도의 바텀에서 탑을 향해 보드를 기울이면 '바텀 턴(Bottom turn)'이라고 한다. 보드의 방향이 바뀌는 각이 클수록 '턴이 날렵하다'고 표현한다. 보드를 기울이는 위치와 기울이는 정도 등에 따라 턴의 각도가 좌우된다. 파도의 힘 있는 위치에서 과감한 턴을 구사할수록 핀에서 물줄기가 길고 크게 뿌려진다. 이때 뿌려지는 물줄기를 서퍼들은 '스프레이'라 부르는데, "스프레이 봤어?"라는 이 한마디로 얼마나 근사한 턴을 했는지 짐작할 수 있다.

바텀 턴

4 │ 카빙

찰흙을 조각칼로 깎아내듯 **서프보드의 레일로 파도 면을 날렵하게 그으면서 라이딩하는 것을 '카빙(Carving)'이라고 한다.** 서프보드를 기울여 레일만 물에 잠기게 되면, 물의 저항이 줄어들어 빠르고 유연한 턴과 라이딩이 가능해진다. 보드의 바텀이 수면에 닿지 않게 보드를 기울여가며 서핑을 하기 때문에 '레일 서핑'이라 부르기도 한다.

5 │ 에어

날렵한 파도에서 속도를 높인 다음, **파도보다 높게 보드를 공중에 띄웠다가 다시 파도 위로 착지하는 기술을 '에어(Air)'라고 한다.** 땅 위에서도 어려운 동작을 물 위에서, 그것도 공중에서 구사한다는 것이 놀라울 따름인 이 기술은 회전의 각도, 회전 방향 등에 따라 구체적이고 다양한 이름으로 불린다. 예를 들어 공중에서 진행 방향으로 뛰는 것을 가장 기본적인 '에어'라 부르고, 회전하는 각도와 방향에 따라 '에어 리버스', '360', '560' 등으로 부른다. 진행 방향과 반대 방향으로 회전하는 것은 '알리 웁(Alley oop)', 공중에서 양손으로 레일을 잡고 보드를 뒤집으면서 회전하는 것은 '로데오(Rodeo)'라 부르는 등 에어 기술에는 정말 다양한 방법과 스타일이 있다.

에어 기술

6 │ 배럴 라이딩·튜브 라이딩

배럴 안을 통과하는 '배럴 라이딩'은 '서핑!'이라고 하면 바로 떠오르는 상징적인 기술이다. 속도가 너무 느리면 파도가 부서져 그 안에 갇혀 버리게 되고, 반대로 너무 빠르면 파도 동굴을 빠져나가 버리기 때문에 속도 조율이 관건이다.

한국 서퍼들은 배럴 라이딩에 성공할 경우 '배럴을 땄다' 라고 표현한다. 자세를 굽히지 않고 똑바로 서서 배럴을 통과하는 것을 '스탠딩 배럴'이라 하고, 머리만 살짝 들어오는 것을 '머럴 ('머리+배럴'을 뜻하는 콩글리시)' 이라 부르거나 '머리를 감았다'고 표현한다.

서핑을 경험해 보지 않은 사람들에게 서핑을 한다고 하면 그들은 순간 당신이 파도 동굴을 뚫는 모습을 상상할 것이다. 서핑을 떠올리면 바로 생각나는 대표 기술인 배럴 라이딩은 서핑 기술 중에서도 최고난도의 기술이다. 고급 기술이면서 큰 부상도 감수해야 하지만 또 그만큼 짜릿한 경험이므로, 우리 모두 언젠가는 배럴 안에 들어가 투명한 파도 지붕을 만날 수 있기를 바란다.

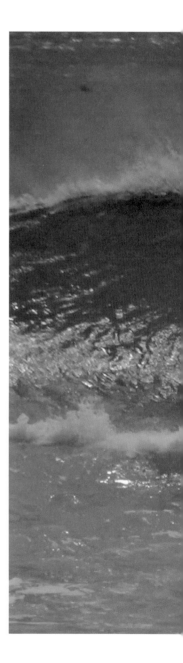

배럴 라이딩

7 | 로깅

로깅(Logging)은 일반적으로 클래식 싱글핀 롱보드 라이딩에서 자주 볼 수 있으며, **보드의 노즈와 테일을 오가면서 보드 위를 걷는 기술**이다. 숏보드에서 앞발에 체중을 실어 가속하고, 뒷발에 무게를 실어 감속을 하는 것과 같은 원리라고 생각하면 된다. 다만 롱보드는 길이가 길기 때문에 직접 걸어가서 무게를 원하는 위치에 확실하게 실어준다. 보드의 노즈 쪽으로 걸어가면 속도가 증가하고, 테일로 이동하면 속도가 느려지면서 턴을 하기에 유리해진다.

228

숙련된 서퍼들의 편안하면서도 우아한 로깅을 보다보면, '로깅'이라는 기술이 기세로 금방 정복할 수 있을 것처럼 쉬워 보일지 모르겠다. 하지만 막상 로깅을 시도해 보면 좀처럼 발이 보드 위에서 떨어지지 않는 경험을 하게 될 것이다. 이상적인 노즈 라이딩을 완성하기 위해서는 테일 쪽 레일이 파도에 물릴 수 있는 정도로 파도에 날이 서 있는 구간에서 턴을 활용해 보드의 방향을 파도의 진행 방향과 잘 맞춘 다음, 파도의 속도에 따라 보폭을 조절해 가며 발을 옮겨야 한다. 물의 출렁임에 튕겨 나가지 않도록 무릎을 살짝 굽힌다면, 보다 안정적인 로깅이 가능하다.

로깅

8 | 노즈 라이딩·행 파이브·행 텐

노즈에서 밸런스를 유지하며 라이딩을 이어가는 것을 '노즈 라이딩(Nose riding)'이라 한다.

노즈 라이딩 기술 중에서 가장 대표적인 기술로, 한쪽 발의 발가락 다섯 개를 노즈에 걸치는 '행 파이브(Hang five)'와 양발의 발가락 열 개를 전부 노즈에 걸치는 '행 텐(Hang Ten)'이 있다. 이상적인 행 파이브와 행 텐은 시소가 양쪽 무게의 평형을 이루듯 테일이 파도에 물린 상태로, 서퍼의 발가락은 노즈에 걸려 있는 것이다.

많은 서퍼들이 우아하면서도 아슬아슬한 이 기술들에 로망을 품고 클래식 롱보드에 입문한다. 당신도 그중 하나라면, 아래의 기사를 참고하여 '롱보딩의 꽃'이라 불리는 노즈 라이딩에 깊이 빠져보길 바란다.

롱보드의 꽃,
노즈 라이딩

사진 제공 ©김숙이 서핑

행 텐

행 파이브

9 | 덕 다이브

　서핑에는 파도를 타는 것뿐만 아니라 파도를 뚫기 위한 기술도 있다. 파도를 뚫는 기술을 잘 활용하면 라인업에 도달하는 데 체력을 아낄 수 있고, 위험한 상황에서 빠르게 피할 수 있다.

233

　파도를 뚫는 가장 대표적인 기술은 바로 '덕 다이브(Duck dive)'이다. 라인업 중에 앞에서 파도가 부서지면서 하얀 거품이 밀려오거나 날카로운 파도의 면과 맞닥뜨렸을 때 유용하다.

　노즈부터 천천히 물속에 잠기게 하고 뒷발로 테일을 눌러 보드가 완전히 파도 아래로 가라앉게 만들어, 물속에서 파도를 피한 다음 물 위로 올라오는 기술이다. 이 모습이 마치 오리가 물속으로 잠수했다가 나오는 듯하여 '덕 다이브'라 부른다. 체중에 비해 보드의 부력이 작을수록 덕 다이브에 유리하기 때문에 일반적으로 숏보드에서 자주 볼 수 있지만, 가끔 요령이 좋은 서퍼들은 롱보드를 타면서도 덕 다이브를 성공시키기도 한다.

덕 다이브를 처음 연습할 때는 거품이 없는 잔잔한 물에서 시도하기가 오히려 더 어렵다. 파도가 위로 솟아 날이 서 있는 그린 웨이브에 노즈를 찔러넣는 연습부터 해보자.

덕 다이브
쉽게 하는 방법

덕 다이브

10 | 터틀 롤·에스키모 롤

부력이 큰 보드를 타고 있어 덕 다이브가 어렵거나 아직 덕 다이브 요령이 부족한데 파도를 뚫어야 할 때 '터틀 롤(Turtle roll)' 또는 '에스키모 롤(Eskimo roll)'을 시도해 보자.

터틀 롤은 카약이 뒤집혀 노를 젓는 사람이 물에 잠겼을 때 다시 카약을 원래대로 복원하는 기술이기도 하다. 서핑에서도 비슷하게 보드를 뒤집어 파도를 피하고 다시 원래대로 돌아오는 기술이다. 라인업 중에 앞에서 파도가 부서져 화이트 워시가 밀려오면, 화이트 워시가 노즈에 닿기 전에 미리 보드에서 내려와 양옆의 레일을 잡고 보드의 탑이 수면에 닿도록 보드를 뒤집는다. 이때 파도와 노즈를 수직으로 맞추고 노즈가 거품 위로 들리지 않도록 보드를 당겨야 한다.

물속에서는 보드를 놓치지 않게 레일을 단단히 잡은 상태에서 몸과 보드 사이에 약간의 간격을 두고 파도가 지나가기를 기다린다. 파도가 지나갔다면 재빠르게 보드 위에 엎드려 다음 파도가 부서지기 전에 힘차게 패들하여 라인업으로 나가자.

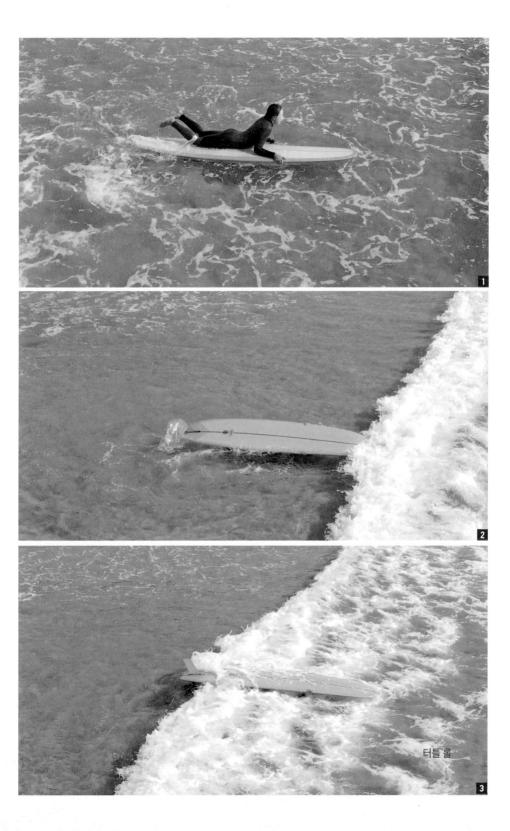

터틀 롤

서핑 배우러 어디로 갈까?

대한민국 서핑 스팟

238

대한민국은 삼면이 바다로 둘러싸여 있는 만큼, 서핑을 배울 수 있는 해변도 넘쳐 난다. 하지만 국내에서 서핑이 가능한지에 대해 의문을 품는 사람들이 여전히 많다.

1년에 겨우 한두 번 국내에서 바다로 여행을 가는 사람이라면 파도가 없는 호수처럼 잔잔한 바다를 만났거나, 반대로 지나치게 거센 바람에 거대하게 휘몰아치는 흙탕물의 바다를 만났을 것이다. 그렇기 때문에 짧은 경험으로 국내에서의 서핑은 말도 안 되는 일이라 생각할 수도 있다. 또는 해외 서핑 영상에서 봤던 투명한 물빛의 파도 동굴을 뚫고 나오는 장면만 상상하며 한국에서의 서핑은 시시하다고 조롱할 수도 있다.

하지만 무엇이든 직접 경험해 본다면 절대 함부로 말할 수 없는 법! 파도는 눈으로 보는 것보다 직접 경험했을 때 진짜 위력을 느낄 수 있다.

꼭 큰 파도가 있어야만 서핑을 즐길 수 있는 것은 아니다. 1년 365일은 아니어도 한국 역시 서핑하기 좋은 크기와 힘을 가진 파도가 들어오는 날이 많다. 바다에는 큰 흐름이 있어 서핑하기 좋은 파도가 자주 들어오는 시기가 계절에 따라 달라질 뿐이다. 국내에는 가을부터 겨울, 봄까지는 동쪽으로, 여름에는 남쪽을 향해 서핑하기 좋은 파도가 들어올 확률이 높다.

사실 처음 서핑을 배운다면 파도가 크게 들어오는 것은 결코 중요하지 않다. 오히려 서핑하기 좋은 파도가 오면 많은 서퍼들이 몰려 라인업이 붐비기 때문에, 서프보드를 다루기에 서툰 초보가 서핑을 배우거나 자유 서핑을 즐기기에는 부담스럽게 느낄 수 있다. 그러므로 처음 서핑을 배울 때 파도가 없거나 날씨가 좋지 않다고 해서 아쉬워할 필요는 전혀 없다. 한적한

분위기에서 집중하여 기본 동작을 잘 익혀두면 파도가 더 커지거나 라인업
이 붐벼도 단단한 기초를 바탕으로 자신 있게 서핑을 할 수 있다.

　이제 대한민국의 대표적인 서핑 스팟 몇 군데를 소개해 보겠다. 입문 강
습을 받을 때는 거주지에서 찾아가기 쉽거나, 자주 방문하는 지역의 서프
샵에서 시작하기를 추천한다. 특히 물리적으로 거리가 가까우면 자주 방문
할 확률이 높아지고, 그곳에 단골샵이 생기면서 함께 서핑하는 동료들이
늘어나면 서핑의 재미도 배가 될 것이다.

해외 파도에 결코 뒤지지 않는 한국 파도　　　　　　　　ⓒ사진제공 김홍석(예수환 서퍼)

양양

서핑의 성지이자 수도권에서 가장 가까운 동해를 품고 있는 양양. 서울-양양 고속도로를 타고 수도권에서 출발하여 도로 정체 없이 달려온다면, 2시간 안에 바다에 닿을 수 있다.

　양양이 서핑의 성지가 된 이유에는 서울-양양 고속도로의 개통이 큰 몫을 하였으나, 또 다른 이유도 있다. 북쪽으로 속초, 남쪽으로 강릉을 끼고 있는 양양은 두 도시에 비해 비교적 해변 개발이 덜 되어 파도가 자연스럽게 해변까지 닿는 지형이 잘 보전된 곳이 많다. 해안에 상업이 활성화된 지역들은 파도가 들이치는 것을 막기 위한 제방 시설이 설치되어 있어 파도가 들어오지 않는다. 그래서 해변을 자연 그대로 보존하고 있는 양양이 서핑하기 좋은 지역이 된 것이다.

　양양에는 서핑을 즐길 수 있는 해변도 다양해서 그날의 파도 상황, 자신의 파도 취향, 바다가 붐비는 정도 등에 따라 해변을 선택할 수 있다. 나 역시 파도가 들어오는 날이면 최소 세 군데 이상의 해변을 둘러보고, 가장 파도가 마음에 드는 해변으로 들어가 서핑을 즐긴다.

　적당한 수심으로 파도의 빈도가 높고 강습하기 좋은 파도가 자주 들어오는 죽도 해수욕장, 칼칼한 파도가 맛있는 설악 해수욕장, 묵직하면서도 길이 쫙쫙 열리는 물치 해수욕장 등, 각각의 매력이 다른 스팟들이 양양의 해안을 따라 자리 잡고 있다.

　부산이나 제주에는 그 지역 사람들이 주로 서핑을 즐기는 서퍼인 반면, 양양은 다양한 지역의 사람들이 모여들어 커뮤니티를 이루고 있는 것이

양양 서핑 스팟 지도

물치 해변

설악 해변

AIRPORT

동호 해변

하조대 해변

기사문 해변

동산 해변

죽도 해변

인구 해변

남애3리 해변

특징이 있다. 지금이야 강원도 출신의 서퍼들이 많이 있지만, 초반에는 수도권이나 타지역의 서퍼들이 삼삼오오 모여들어 서프샵을 만들고 요식업 등을 시작하면서 지금의 서프 시티를 만들었다고 볼 수 있다.

243

고성

서울-양양 고속도로의 끝인 속초IC로 나가면 바로 고성으로 넘어갈 수 있다. 고성은 양양에 비해 좀 더 한적하게 서핑을 즐길 수 있으며, 해변이 덜 개발되어 높은 건물들이 많이 없다. 그래서 바다에서 해변을 바라보면 멀리 설악산과 금강산의 경치가 시원하게 펼쳐진다.

천진, 삼포, 송지호 등 최근에는 고성에도 많은 서프샵이 오픈하여 대부분의 해변에서 서핑을 즐길 수 있다. 양양의 붐비는 라인업이 부담스럽다면 고성의 한적한 바다와 경치를 즐기며 여유로운 서핑을 즐겨보기를 바란다.

강릉

서울에서 KTX로 2시간 만에 도착할 수 있는 강릉에는 사천, 경포, 금진 해수욕장 등의 해변에서 서핑을 즐긴다. 강릉은 양양보다 서프샵이 적기 때문에 라인업이 비교적 한적한 편이다. 그리고 역사, 예술, 커피 등 다양한 문화를 갖춘 관광지이기 때문에 가족, 연인, 친구와 함께 방문하여 서핑 전후로 강릉 투어를 함께 즐기는 것을 추천한다.

중문 색달 해수욕장

제주는 바다로 둘러싸여 있는 섬이므로 서핑을 할 수 있는 해변이 군데군데 있다. 육지보다 따뜻한 수온과 기온을 유지하여 비교적 가벼운 차림으로 서핑을 즐길 수 있는 데다, 야자수와 절벽 등 이국적인 경치로 단연코 서퍼들에게 사랑받는 지역이다.

중문 색달 해수욕장은 제주를 대표하는 서핑 스팟으로, 중문 관광단지 내에 위치한 해수욕장이다. 남쪽을 바라보고 있는 해변이어서 여름에 밀려오는 남스웰을 받거나 태풍 전후로 파도가 들어온다. 다양한 레벨의 서퍼들이 양질의 파도를 즐길 수 있어 제주에서 가장 많은 서핑 스쿨이 이곳에 자리하고 있다.

색달 해변에는 국내의 유일무이한 리프 포인트인 '듀크 포인트'가 있다. 해녀의 집 앞에서 돌을 밟고 들어가 돌 위에서 입수해야 하기 때문에 초보자들에게는 까다로운 포인트이다. 하지만 그 정도의 위험과 불편을 감수할 정도로 힘 있고 면이 깨끗한 레프트 파도를 즐길 수 있다.

이호테우 해수욕장

공항에서 차량으로 20분 이내에 도착할 수 있는 이호테우 해수욕장. 붉은색, 흰색 두 마리의 조랑말 등대가 귀엽게 내려다보는 이곳은 북쪽을 바라보고 있기 때문에 주로 북스웰을 받아 겨울 서핑을 많이 하는 곳이다.

그런가 하면 일몰이 아름답기로도 유명한 '일몰 맛집'이기도 하다. 이곳

© 서진제공 이제현 서보

제주도 중문의 색달 해수욕장

제주도의 이호테우 해수욕장

에서 서핑하게 된다면 라인업에서 선셋을 감상하며 선셋 서핑을 즐겨보기
를 추천한다.

포항

경북 지역에서 가장 많이 찾는 서핑 스팟은 포항의 용한리 해수욕장이
다. 거대한 공단을 바라보는 독특한 뷰를 가진 이곳은 포항메이어스컵 챔
피언십이 열리는 포항의 대표 서핑 스팟으로, 포항에서 가장 많은 서프샵

이 여기에 자리잡고 있다.

용한리 해수욕장에는 특이하게 숏보드 존과 롱보드 존이 구분되어 있다. 해변에서 라인업을 바라볼 때 오른편으로 방파제 가까이에서 깨지는 피크는 '숏보드 존', 방파제에서 왼쪽으로 멀리 떨어져 깨지는 두 번째 피크는 '롱보드 존'이다. 공식적인 듯 공식적이지 않은 이 룰은 로컬과 트립을 온 서퍼의 친분 또는 개인의 실력에 따라 적용될 때도 있고 적용되지 않을 때도 있는 모호한 구석이 있다.

이 룰을 모르고 라인업에 들어갔다가 로컬에게 괜한 쓴소리를 듣거나 시비가 걸리면 기분이 나빠져 트립을 망칠 수 있으므로 그날의 라인업 분위기를 잘 확인하고 눈치를 챙겨야 한다.

이러한 불편함을 감수하고도 이곳을 방문하는 이유는 그만큼 좋은 파도가 들어오기 때문이다. 요령껏 라인업 분위기에 잘 적응하면서 용한리 해수욕장의 꿀파도를 맛보길 바란다.

그 외에 살짝 북쪽에 자리한 조개 포인트, 월포 해수욕장 등에서도 서핑을 즐길 수 있다.

부산

국내 최초의 서핑 스쿨이 자리 잡은 부산의 송정 해수욕장은 남동쪽을 바라보고 있어 남스웰과 동스웰을 모두 받는 부산에서 가장 인기 있는 서핑 스팟이다. 웅장한 광안대교를 배경으로 서핑과 SUP(Stand Up Paddle board)를 즐길 수 있는 광안리, 하늘로 치솟은 빌딩숲을 감상하며 서핑을 즐기는 해운대 역시 부산에서만 누릴 수 있는 매력적인 풍경을 선보인다.

부산의 서쪽에 위치한 다대포 해수욕장은 낙동강 하구의 리버 마우스에 모래톱이 삼각형으로 켜켜이 쌓이는 삼각지가 형성되어, 남스웰을 받으면 공장에서 찍어낸 듯한 파도가 줄줄이 들어온다. 여름철 다대포에 적당한 사이즈와 피리어드가 차트에 예보되면 전국의 서퍼들이 다대포의 파도를 타기 위해 보드를 싣고 먼 길을 달려간다. 세계적으로도 손꼽힐 만한 길고 아름다운 다대포의 파도는 '다대뽕'이라 불릴 만큼 서퍼들의 아드레날린을 솟구치게 만드는 어마어마한 짜릿함을 선사한다.

태안 만리포

서해안에서 거의 유일하게 서핑을 즐길 수 있는 곳인 만리포 해수욕장. 천천히 얕아지는 수심이 초보자나 어린아이들도 서핑을 즐기기에 적당하기 때문에 '만리포니아'라고도 부른다. 이름답게 너른 해안선을 따라 여러 피크들이 있어 비교적 붐비지 않게 서핑을 즐길 수 있고, 해변에 무료 샤워 시설과 보드 거치대가 갖춰져 있는 서퍼 친화적인 해변이다.

큰 조수차가 있어 바다에 들어오고 나갈 때 육지에서 바다까지의 거리가 확연하게 달라지는 것도 서해에 위치한 스팟에서만 맛볼 수 있는 경험이다. 바다 위에 떠서 불타는 듯 화려한 낙조를 감상하는 만리포 선셋 서핑은 인생에서 결코 잊을 수 없는 추억을 안겨줄 것이다.

고흥 남열 해돋이 해수욕장

전라도에서는 고흥 남열 해돋이 해수욕장이 서핑으로 유명하다. 다도해 지형으로 육지에 닿는 남스웰이 대부분 섬에 걸러진다. 그렇기 때문에 잔잔한 해변에서 입문 강습을 받기 좋고, 태풍 전후로는 힘 있는 칼칼한 파도를 탈 수 있는 곳이다. 이름처럼 해돋이와 함께 해변 한 자락에 치솟은 절벽 위로 우뚝 솟은 우주 발사 전망대가 근사한 아름다운 서핑 스팟이다.

부산의 다대포 해수욕장

고흥의 남열 해돋이 해수욕장

파 도 를 찾 아 떠 나 는 여 행
해외 서핑 트립

254

서핑을 어느 정도 하다 보면 새로운 파도에 대한 갈증이 생기기 마련이다. 특히 코끝이 떨어질 듯 찬 바람이 부는 계절이 찾아오면 가벼운 차림으로 서핑을 즐길 수 있는 어딘가가 절실해진다. 그렇기 때문에 국내의 서퍼들은 특별히 겨울철에 해외로 서핑 트립을 많이 떠난다. 한국의 겨울 서핑도 나름의 매력이 있긴 하지만 기회가 된다면 해외 서핑 트립을 추천해 주고 싶다. 해외 서핑 트립은 서핑 실력을 쌓을 수 있는 좋은 기회일 뿐만 아니라, 세계 각국의 서핑 산업과 문화를 직접 만나고 그곳 서퍼들과 교류할 수 있는 계기이기 때문이다. 이를 경험 삼아 서핑에 대한 애정도 더욱 깊어진다.

가끔 실력이 좀 더 쌓인 후에 해외에 나가야겠다고 생각하며 기회가 있어도 미루는 경우가 있는데, 해외에 나가면 실력을 더 빠르게 쌓을 수 있다. 한국에 비해 따뜻한 기온과 수온을 유지하며 서핑을 하기에 좋은 파도의 빈도가 높은 지역으로 갔을 때 더 많은 파도를 경험하며 자연스럽게 서핑 실력도 늘게 된다. 무엇보다 돈을 들여 서핑을 목적으로 해외에 나갔기 때문에 본전에 대한 생각으로 서핑을 더욱 열정적으로 하게 된다. 그곳에서 서핑에 미쳐 있는 또 다른 서퍼들을 만난다면 분위기를 타고 서핑 레벨 업의 효과는 더 극대화된다.

국내에서 서핑이 인기를 끌면서 파도가 좋은 세계의 여러 지역마다 한인 서핑 캠프가 생겨나는 추세다. 서핑 캠프는 약간의 차이가 있겠지만 일반적으로 현지에서 서프보드 렌털, 서핑 레슨, 이동 수단, 숙박 등이 한 번에 해결되는 시스템이라고 보면 된다. 그렇기 때문에 영어 울렁증이 있거나 지독한 길치에 여행 초보라고 할지라도 문제없이 해외 서핑 트립을 즐기는 것이 가능하다.

해외 서핑 트립의 목적지를 고르는 요소는 사람마다 다양할 것이다. 일반적으로 파도의 빈도, 체류비, 비행시간, 기후, 붐비는 정도, 생활 편의, 식문화, 관광 가능 여부 등이 선택의 기준이 된다. 세계에는 정말 무수한 서핑 스팟이 있기 때문에 개인의 상황과 취향을 고려하여 목적지를 선택하면 된다. 지금까지의 경험을 바탕으로 서핑 트립을 추천하는 지역들을 소개해보겠다.

인도네시아 발리

신혼여행, 관광, 노마드의 성지로도 유명한 인도네시아의 발리는 서퍼들에게도 가장 사랑받는 '세계적인 서핑의 메카'라 할 수 있다. 온화한 기후와 사계절 내내 힘 있게 들어오는 파도, 다양한 서핑 스팟, 이국적인 분위기, 한국인의 입맛에 맞는 식문화, 서핑 외에도 관광, 쇼핑 등 즐길 거리가 많은 곳이어서 서핑을 하지 않는 사람과 함께 떠나도 큰 문제가 없다. 무엇보다 저렴한 예산으로 숙식 및 교통비를 해결할 수 있어서 장기간 체류하는 서퍼들도 정말 많다.

발리 역시 계절에 따라 다른 방향에서 파도가 들어온다. 건기(5~10월)에는 서쪽으로 우기(11~4월)에는 동쪽으로 파도가 들어온다. 이 점을 참고하면 발리 안에서도 서핑 스팟을 찾아가는 것이 조금은 수월할 것이다.

많은 서퍼들이 찾는 곳인 만큼 파도가 좋은 스팟은 붐비는 편이고 파도

경쟁이 치열하다는 것이 단점이다. 하지만 발품을 열심히 팔면 파도가 좋고 한가롭기까지 한 스팟을 발견할 수도 있으므로 지레 겁먹지는 말자. 현재 약 스무 개가량의 한인 서핑 캠프가 위치하고 있으므로 본인이 원하는 지역, 서비스, 환경 등에 따라 다양한 선택지가 있다. 그러니 관심 있는 캠프가 있다면 인스타그램이나 홈페이지를 통해 직접 문의해 보자.

257

Surfline, Windfinder, Windy 등 서핑 & 기상 어플을 사용하여 트립 지역의 파도와 기상 상황을 실시간으로 확인할 수 있다. 그러니 이를 참고하여 현지에서 그날그날 파도가 좋은 서핑 스팟을 찾아가자.

서퍼들이 사랑하는 서핑의 메카, 발리

호주

호주 골드코스트
서핑 트립

서핑 경기나 영상을 통해 호주 출신의 세계적인 서퍼들을 볼 때마다 호주의 파도는 어떻길래 저렇게 서핑을 잘하는지 늘 궁금했었다. 서핑 트립으로 막상 호주에 와보니 그 이유를 단번에 알 수 있었다. 호주는 전체 인구의 80%가량이 해안가 50킬로미터 이내에 거주하고 있으며, 파도가 있는 곳이라면 어디든지 남녀노소 가리지 않고 다양한 길이와 형태의 보드를 들고 해변으로 나가 서핑을 즐긴다. 호주 해변에 가면 부모와 함께 바다에 나와 용감하게 서핑하는 아이들을 자주 만날 수 있다. 서핑은 그들의 라이프 그 자체인 셈이다.

비행시간과 물가를 생각하면 조금 망설여지기는 하지만, 여유가 된다면 호주 서핑 트립을 강력 추천하고 싶다. 광활하면서도 깨끗하게 관리된 자연, 서핑에 진심인 호주 사람들의 열정과 진심을 마주하면, 서퍼로서 많은 자극과 도전을 받게 된다. 또 서핑 인구만큼 서핑 산업 역시 발전한 곳이기 때문에 국내에 없는 다양한 서핑 관련 용품들을 만날 수 있고, 레전드 서퍼들뿐만 아니라 가는 해변마다 엄청난 실력의 서퍼들을 만나 무료 시청각 교육도 받을 수 있다. 운이 좋다면 돌고래 떼와 파도를 두고 다투는 경험도 가능하다.

호주 골드코스트 스내퍼 록스

미국 캘리포니아

캘리포니아 역시 빼놓을 수 없는 서핑의 성지다. WSL(월드서프리그) 챔피
언십 투어의 파이널 경기가 치러지는 트레슬(Trestles)과 롱보드 투어 챔피
언십이 열리는 말리부(Malibu)가 이곳에 있다. 누구나 알고 있을 <서핑 유
에스에이(Surfin' USA)>라는 곡에 등장하는 도헤니(Doheny)와 산 오노프레
(San onofre) 역시 캘리포니아의 서핑 스팟이다.

온화한 날씨에 차가운 수온은 상쾌한 기분으로 서핑을 즐기기 좋으며,
무엇보다 그림 같은 파도가 들어오는 데 비해 라인업이 여유롭다. 오랜 전
통을 가진 서프샵과 서프보드 공장들이 있으며, 서핑의 역사가 깊고 인기
가 많은 지역이기 때문에 서핑에 필요한 모든 것들이 갖추어져 있다. 운이
좋다면 평소 영상을 보며 동경했던 레전드 서퍼들도 마주칠 수도 있다. 경
제적, 시간적 여유가 된다면 반드시 방문해 보는 것을 추천한다.

황금파도가 손짓하는
캘리포니아 서핑 트립

©사진제공 김한민 서퍼

미국 캘리포니아의 도헤니 해변

미국 캘리포니아의 산 오노프레 해변

미국 캘리포니아 스튜어트 서프보드 숍

대만

262

꿀 파도 풀가동
대만 컨딩 서핑 트립

한국에서 짧은 시간에 닿을 수 있는 대만은 항공료와 체류비 모두 저렴하고 기온과 수온도 따뜻한 편이다. 한국 서퍼들이 많이 찾는 지역은 주로 가장 남쪽인 '컨딩(Kenting)'과 동쪽의 '타이동(Taitung)'이다. 컨딩은 가장 남쪽 끝에 위치해 스웰 방향이나 바람의 방향에 따라 서쪽부터 남쪽, 동쪽까지 이동할 수 있어 사계절 서핑하기 좋다. 타이동은 힘 있고 깨끗한 파도로 유명하며, 세계적인 대회가 열리는 지역이다.

일본

서퍼들의 행성
미야자키 서핑 트립

일본은 한국 사람들에게 서핑이 아니어도 여행으로 익숙한 지역이기 때문에 큰 부담 없이 서핑 트립에 도전해 볼 수 있다. 비행시간이 짧고, 항공료가 저렴한 데다, 어느 지역에서든 서핑 외에 미식 여행을 즐길 수도 있기 때문에 서퍼가 아닌 사람과 동행하기에도 나쁘지 않다. 한국에 비해 서핑 역사도 훨씬 오래되었고, 서핑인구도 많아서 많은 부분에서 서핑에 대해 배울 수 있는 곳이다. 다양한 서핑 스팟과 서프샵들이 있는 만큼 일본에서만 만날 수 있는 서핑용품, 또는 세계에서 인정받는 메이드 인 재팬 서핑슈트들을 구경하고 구입하는 재미도 쏠쏠하다.

　섬나라 특성상 해변이 있는 곳마다 무수한 서핑 스팟이 있지만, 한국 서퍼들에게는 치바(Chiba), 쇼난(Shonan), 미야자키(Miyazaki) 지역이 널리 알려져 있다. 실제로 서핑에 특화된 곳이므로 일본 서핑 트립이 처음이라면 이곳들부터 도전해 보길 바란다.

필리핀

　필리핀 역시 섬나라여서 다양한 스팟이 존재한다. 저렴한 항공료와 식비, 온화한 기후와 시원하게 들어오는 파도까지 서핑을 즐기기 좋다. 한국 서퍼들에게는 '라 유니온(La union)'과 '샤르가오(Surigao)'가 유명하다. 인기 있는 서핑 스팟에는 서

1분 라이딩이 가능한
필리핀 서핑 트립

핑 실력이 좋은 로컬 서퍼들이 많아서 외부인으로서 파도를 타는 것이 쉽지는 않다. 하지만 파도의 힘이 좋고 길도 잘 나기 때문에 차츰 적응하면서 서핑을 즐겨보길 바란다.

중국

　현재 중국은 서핑에 진심이다. 2021년 도쿄 올림픽부터 서핑이 정식 종목으로 채택되면서 중국의 각 성에서는 서핑 선수 육성에 심혈을 기울이고 있다. 현재 중국에는 서핑 인구가 폭발적으로 증가함에 따라, 중국 내에는

중국의 하이난

서프보드를 포함하여 여러 서핑 용품을 생산하는 공장들도 늘어나는 추세여서 현지에서 서핑용품들을 저렴하게 구입할 수도 있다.

특히 사계절 온화한 기후의 하이난은 중국 전역의 서퍼들이 전지훈련을 하러 찾을 만큼 서핑의 메카이며, 해변을 따라 다양한 스팟과 서프샵들이 즐비해 있다. 대한민국 국적이라면 하이난에 무비자로 입국할 수 있고, 체류비가 저렴한 데다, 중국 내 결제 시스템이나 차량 예약 시스템 등 인프라가 편안하게 갖춰져 있어, 비자 신청이나 환전 등의 복잡한 과정 없이 편하게 방문할 수 있다.

스리랑카

스리랑카 역시 서핑하기 좋은 다양한 스팟이 숨겨진 곳이다. 아직 한국 서퍼들이 많이 찾지는 않지만, 유럽 사람들에게 인기 있는 휴양지이기 때문에 몇몇 스팟은 상당히 붐비는 편이다. 하지만 스팟이 곳곳에 있으므로 운이 좋으면 한가로운 곳에서 서핑을 즐길 수도 있다.

따뜻한 기후만큼 온화한 사람들과 함께 신선하고 건강한 음식들을 먹다보면 서핑과 함께 몸도 마음도 힐링되는 듯 편안해지는 매력이 있는 곳이다.

세계 도처에는 파도가 닿는 곳마다 서핑 스팟이 있다. 새로운 파도를 만날 때마다 마치 처음 서핑하는 것처럼 설렐 것이고, 또 새로운 방향으로 성장하게 될 것이다. 지금도 어딘가에서 무수한 파도들이 당신을 향해 밀려오고 있다. 그러니 기회가 주어진다면 망설이지 말고 새로운 파도를 찾아 떠나자!

천국보다 황홀한
스리랑카 서핑 트립

스리랑카 남부 미리사

익스트림? 쉼?
스포츠와 수련의 중간 어디쯤

　　　　　　서핑을 배운다는 것은 자연의 에너지에 나의 몸과 마음
을 집중시켜 그것을 최대한 거스르지 않고 느끼고 반응하는 과정이다. 거
창하고 호들갑스럽다고 생각하겠지만 어쩔 수 없는 사실이다. 우주 어딘가
에서부터 시작되었는지 알 수도 없는 힘을 온 감각으로 흡수하고, 근육들
을 섬세하게 움직여 그 흐름에 올라타는 순간! 그 어디서도 경험해 보지 못
했던 성취와 자유로움을 맛보게 될 거라 장담한다.

　파도를 타고 신나게 미끄러져 나가는 단 한 번의 경험을 위해서는 무수
한 조건이 동시에 갖춰져야 한다. 파도의 적당한 힘과 크기, 물결을 다그치
지 않는 바람, 변화무쌍한 자연에 버텨낼 수 있는 체력, 순간적으로 파도의

서핑은 익스트림 스포츠이자 휴식이다.

크기와 힘을 잴 수 있는 집중력과 판단력, 흐름을 거스르지 않고 다음 행동으로 옮기는 섬세함과 민첩함, 울렁거림을 버텨내는 균형 감각과 집요함 등. 이러한 조건들이 적당한 합을 이루어 파도 위를 거침없이 미끄러져 나가고, 그 매력에 빠져 매일매일 파도를 기다리게 된다. 실력이 쌓일수록 더 크고 힘 있는 파도를 찾아 키의 두세 배가 넘는 파도에 뛰어들거나, 파도 동굴을 뚫고 나가는 도전을 하기도 할 것이다. 10미터에 가까운 거대한 괴물 파도에 도전하는, 용감하다 못해 무모해 보이기까지 하는 사람들도 믿기지 않을 정도로 많다. 그래서 서핑을 '익스트림 스포츠(Extreme sports)'라고 부르기도 한다.

하지만 파도 위에 올라타지 않고, 보드 위에서 일어서지 않더라도 서핑의 매력에 빠질 수 있다. 서핑에 중독되는 이유가 아드레날린이 폭발하는 짜릿한 경험일 것이라고 짐작할 테지만, 초반에는 그런 짜릿한 라이딩을 느끼기는 어렵다. 파도를 신나게 타는 단 하나의 순간보다는 파도를 기다리며 고요해지는 순간에 매료되어 서핑을 계속 찾는 사람들도 꽤 많다.

팔을 저어 바다에 나가는 순간, 빌딩숲의 분주한 소음과 바쁘게 부대끼던 사람들은 주위에서 사라진다. 투명하게 반짝이는 물결과 평화로이 흐르는 구름을 보며 호흡을 고르다 보면 오랜 시간 꺼 두었던 몸의 감각들에 다시 전류가 흐른다.

나 역시 멀리 수평선을 바라보고, 갈매기 울음소리와 파도 소리에 귀 기울이고, 바람이 불어오는 방향을 느끼면서 파도를 기다린다. 무겁게 짓누르던 생각과 마음은 해변에 잠시 내려두고, 몸에 물이 닿는 순간부터는 최대한 가벼워지려 한다. 거대한 자연이 뿜어내는 에너지를 가득 품기 위해서이다. 그래서 나는 '파도를 타는 행위'라는 서핑의 정의를 '파도를 타기 위해 바다에서 하는 모든 행위'라고 확장하고 싶다. 아마 서핑을 즐겨본 사람이라면 이런 생각에 분명 동의할 것이다.

파도를 기다리며 차분히 다스린 몸과 마음은 파도가 오는 순간에 더 큰 집중력을 발휘할 수 있도록 돕는다. 마치 명상을 하면 중요한 순간에 집중력이 발휘되어 능률이 극대화되는 것과 유사하다. 그리고 긴장을 풀어주어 동작을 자연스럽게 만들고 부상을 방지한다. 일렁거리는 물결 위에서 침착한 마음으로 생각을 환기하다 보면, 지쳤던 일상에 위로와 용기를 얻기도 한다.

이처럼 서핑은 차분함과 역동성이 공존하는 운동이다. **동일한 모양의 파도가 하나도 없기에 모든 파도가 늘 새롭듯, 서핑의 매력도 그때마다 새롭게 발견하게 될 것이다.** 이 책을 통해 서핑을 배운 사람들이 직접 바다로 나가 다양한 파도를 경험하면서, 내가 미처 알아채지 못했던 서핑의 매력들을 발견했기를 기대한다.

271

서핑을 오래오래 행복하게 즐기는 방법

대다수 서퍼들의 꿈은 나이가 들어도 지금처럼 건강하게 오래오래 서핑을 즐기는 것이다. 나 역시 남편과 함께 백발의 서퍼가 되어도 여전히 비키니와 보드숏을 입고 서핑을 즐기는 것이 로망이다. 서핑 역사가 짧은 한국에는 드물지만 미국, 호주, 일본에는 새하얀 머리카락을 휘날리며 수평선을 향해 힘차게 패들하고 거침없이 파도에 뛰어드는 어르신 서퍼들을 흔히 만날 수 있다.

서핑 문화를 대표하는 세계적인 히트송 비치보이스의 <서핑 유에스에이(Surfin' USA)>를 들으며 파도를 찾아다녔던 캘리포니아 서핑 트립에서, 나는 서핑을 오랫동안 행복하게 즐기는 비법을 알아낼 수 있었다. 이 노래의 가사에는 캘리포니아의 유명한 서핑 포인트들이 나오는데, 우리는 그중에 하나인 산 오노프레 해변에서 자주 서핑을 했다. 그곳에 가면 늘 동이 트기도 전부터 많은 서퍼들이 보드가 잔뜩 실려 있는 차를 해변 앞에 세워 두고 파도를 지켜보며 서핑 준비를 했다. 그중에는 연세가 지긋해 보이는 서퍼들이 꽤나 많이 주섬주섬 슈트를 갈아입고 있었는데 그분들은 바다에서 팔도 몇 번 젓지 않고 그날 가장 큰 파도를 잡아타고는 했다. 아쉬움은 1도 없는 세상 가장 상쾌한 표정으로 보드 위에 일어서서, 아니면 무릎을 꿇거나 엎드려서 파도를 탔다. 내가 바라는 미래를 살고 있는 사람들을 바로 눈앞에서 마주한 나는 몹시 흥분되었다.

나는 그분들에게 비결을 전수받기로 결심했고, 서핑을 마치고 해변에서 만난 시니어 서퍼들에게 인터뷰를 요청했다. 그들은 평균 60~70대 서퍼들이었으며, 평균 40~50년 동안 서핑을 했다. 나는 '그들의 인생에서 서핑이 어떤 의미인지', '어떻게 해야 그들처럼 건강하게 오랫동안 서핑을 할 수 있는지', 그리고 '한국 서퍼들에게 해주고 싶은 조언이 있는지' 물었다.

서핑을 오랫동안 건강하고 행복하게 즐기는 방법에 대한 그들의 대답은 단순했다.

"Don't stop, Keep going, KEEP SURFING, 멈추지 마! 계속해! 계속 서핑해!"(그들은 내 채널 이름이 '킵서핑'이라는 사실은 전혀 모르고 있었다.)

80세 서퍼들의
평생 서핑하기

지독히 좋아하던 일도 멈추고 싶어지는 순간이 있다. 나 역시 서핑이 좋아 멀쩡히 다니던 회사를 그만두고, 파도를 쫓아다니며 서핑 콘텐츠를 제작하기 시작한 지 8년이나 지났다. 그들이 말한 'Keep Surfing, 킵 서핑'은 나에게 '계속 서핑을 해라!'는 뜻과 '킵서핑(유튜브 채널)을 계속해!'라는 두 가지 의미로 다가왔다. 누가 알아주기를 바라서가 아니었음에도 알아주지 않아 지쳐가던 찰나, 캘리포니아 백발 서퍼들의 심플한 조언은 눈물 나는 위로와 용기가 되었다. 그 용기에 힘입어 이 책을 쓰게 되었는지도 모르겠다.

좋아서 시작한 일에 눈에 띄는 성과가 없어 낙심하고 있는가? 그럼에도 그것이 자꾸 생각나고 몸과 마음이 쏠린다면 '돈 스탑, 킵 고잉'하라. 이 책을 통해 시작하게 된 서핑을 오랫동안 건강하게 즐기고 싶은가? 그렇다면 '킵서핑'과 함께 '킵 서핑'하라.

에필로그.

Foreign Copyright:
Joonwon Lee   Mobile: 82-10-4624-6629

Address: 3F, 127, Yanghwa-ro, Mapo-gu, Seoul, Republic of Korea
              3rd Floor
Telephone: 82-2-3142-4151
E-mail: jwlee@cyber.co.kr

파도와 친해지는 가장 쉬운 방법

킵 서핑

2024. 6. 12. 1판 1쇄 인쇄
2024. 6. 19. 1판 1쇄 발행

저자와의
협의하에
검인생략

지은이 | 김아영
펴낸이 | 이종춘
펴낸곳 | **BM** ㈜도서출판 **성안당**

주소 | 04032 서울시 마포구 양화로 127 첨단빌딩 3층(출판기획 R&D 센터)
      | 10881 경기도 파주시 문발로 112 파주 출판 문화도시(제작 및 물류)
전화 | 02) 3142-0036
      | 031) 950-6300
팩스 | 031) 955-0510
등록 | 1973. 2. 1. 제406-2005-000046호
출판사 홈페이지 | **www.cyber.co.kr**
ISBN | 978-89-315-8624-4 (13690)
정가 | 25,000원

이 책을 만든 사람들
책임 | 최옥현
기획·진행 | 정지현
교정·교열 | 신현정
본문·표지 디자인 | 이대범
홍보 | 김계향, 임진성, 김주승
국제부 | 이선민, 조혜란
마케팅 | 구본철, 차정욱, 오영일, 나진호, 강호묵
마케팅 지원 | 장상범
제작 | 김유석

■ **도서 A/S 안내**

성안당에서 발행하는 모든 도서는 저자와 출판사, 그리고 독자가 함께 만들어 나갑니다.
좋은 책을 펴내기 위해 많은 노력을 기울이고 있습니다. 혹시라도 내용상의 오류나 오탈자 등이
발견되면 **"좋은 책은 나라의 보배"**로서 우리 모두가 함께 만들어 간다는 마음으로 연락주시기
바랍니다. 수정 보완하여 더 나은 책이 되도록 최선을 다하겠습니다.
성안당은 늘 독자 여러분들의 소중한 의견을 기다리고 있습니다. 좋은 의견을 보내주시는 분께는
성안당 쇼핑몰의 포인트(3,000포인트)를 적립해 드립니다.
잘못 만들어진 책이나 부록 등이 파손된 경우에는 교환해 드립니다.